Jabez W

Alexander Holder

Henry Baker

Geronimo Stilton

Las aventuras de Sherlock Holmes

Queridos amigos y amigas roedores,

debéis saber que mi pasión por la lectura comenzó hace mucho tiempo, cuando aún era pequeño. Pasaba horas y horas leyendo novelas muy bonitas, que me hicieron vivir fantásticas aventuras y conocer lugares lejanos y misteriosos. ¡Es verdad que leer le da alas a la fantasía!

Así que he pensado regalaros las mismas emociones que sentí yo años atrás, contándoos las obras maestras de la literatura infantil.

Espíritu de observación, gran agudeza y una sobresaliente capacidad investigadora: éstas son las dotes de Sherlock Holmes, el detective más famoso de Inglaterra. Su fiel ayudante, el doctor Watson, siempre se maravilla por la rapidez con que su amigo resuelve cada caso. A Sherlock Holmes, en efecto, le basta con muy poco para intuir qué es lo que no encaja. ¡Con sus geniales deducciones, el gran detective desbarata hasta los planes más endiablados!

Geronimo Stilton

Texto original de Arthur Conan Doyle
Inspirado en una idea original de Elisabetta Dami
Adaptación libre de Geronimo Stilton
Gráfica de Silvia Bovo. *Con la colaboración de* Daria Colombo
Cubierta de Flavio Ferron
Ilustraciones de Ivan Bigarella *(diseño) y* Edwyn Nori *(color)*

Título original: *Le avventure di Sherlock Holmes*
© de la traducción: Miguel García, 2018

Destino Infantil & Juvenil
infoinfantilyjuvenil@planeta.es
www.planetadelibrosinfantilyjuvenil.com
www.planetadelibros.com
Editado por Editorial Planeta, S. A.

Primera edición: octubre de 2018
Segunda impresión: octubre de 2019
ISBN: 978-84-08-19502-3
Depósito legal: B. 16.968-2018
Impreso en España – Printed in Spain

El papel utilizado para la impresión de este libro está calificado como papel ecológico y procede de bosques gestionados de manera sostenible.

Geronimo Stilton

Las aventuras de Sherlock Holmes

DESTINO

Queridos lectores:

Recojo aquí las aventuras extraordinarias que viví con mi amigo Sherlock Holmes, el investigador privado más famoso de Inglaterra. ¡Son aventuras llenas de misterio, que os harán contener el aliento hasta el final!

¡Buena lectura!

Doctor John H. Watson,

exoficial médico del Ejército Británico

Un ayudante fiel

Sherlock Holmes vive en Londres, en un agradable apartamento de Baker Street. Su vivienda es cómoda y acogedora, llena de libros y objetos de todas clases. Hay microscopios, frascos, periódicos, botes con tinta de varios colores, lupas, un viejo violín y muchos,

muchísimos instrumentos musicales muy ¡curiosos!

Sherlock Holmes es el investigador privado más famoso y ASTUTO de la ciudad o, mejor dicho, ¡de toda Inglaterra!

Personas de todo tipo llaman sin cesar a su PUERTA: hombres y mujeres, nobles, mendi-

gos, comerciantes, médicos, estudiantes... Todos recurren a él para que resuelva los casos más misteriosos. A veces se trata de algún grave embrollo, otras del hurto de algo de poco valor...

Sherlock Holmes acepta todos los encargos, incluso los que parecen fáciles de resolver. Repite siempre: «¡Las cosas pequeñas son las más IMPORTANTES!».

Pero, perdonadme, ¡todavía no me he presentado! Me llamo John Watson. Soy médico y puedo decir con ORGULLO que también soy el ayudante del gran Sherlock Holmes.

He de admitir que a veces no me siento a la altura de una tarea tan importante, yo no tengo grandes facultades como investigador...

Pero, sea como sea, Holmes está feliz de tenerme a su lado durante sus indagaciones, porque está convencido de que soy buen observador.

Y como Sherlock Holmes, además de ser un detective FAMOSO, es también mi mejor amigo, ¡yo siempre estoy dispuesto a ayudarlo en lo que pueda!

Y ahora os presentaré algunos de los FENOMENALES casos que resolvió gracias al espíritu de OBSERVACIÓN y la agudeza que lo caracterizan.

Sherlock Holmes
Doctor John Watson
Jabez Wilson
Vincent Spaulding
Duncan Ross

La Liga de los Pelirrojos

¡Yo no adivino, yo deduzco!

Recuerdo una vez, un día de OTOÑO, que decidí hacer una visita a Sherlock Holmes. Estaba en compañía de un señor de unos cincuenta años, de espeso cabello pelirrojo como el FUEGO y un curioso sombrero de copa. Parecía muy enfadado y hablaba en tono preocupado. Mi amigo lo escuchaba concentradísimo, con la típica expresión de cuando reflexiona sobre un caso. Así pues, el MISTERIOSO visitante debía ser un nuevo cliente...

Al verme, Holmes me invitó a entrar.

—¡Adelante, querido Watson! ¡Llega en el momento justo! Este señor se llama Jabez Wilson.

¡Y acaba de exponerme un caso realmente *interesantísimo*!
Intrigado, observé al señor Wilson con más atención. Llevaba un abrigo bastante GASTADO, unos pantalones de cuadros, chaqueta y chaleco corto y en el cuello una cadena de ORO. A decir verdad, no tenía nada de particular...
Pero en aquel instante Sherlock Holmes adivinó lo que yo pensaba:
—¡Mi querido Watson, no se deje **ENGAÑAR** por el aspecto corriente de nuestro visitante! Por el momento, sabemos tres cosas del señor Wilson: ha realizado trabajo manual, ha estado en China y últimamente ha escrito MUCHO.
El señor Wilson se **SOBRESALTÓ**.
—¡Un momento, señor Holmes! ¡Yo no le he dicho nada de eso! ¡¿Cómo lo ha adivinado?!

—¡Yo no *adivino*, señor Wilson, yo *deduzco*! —replicó Sherlock Holmes—. Por ejemplo, sé que usted ha realizado trabajo manual porque he **MIRADO** sus manos: la derecha es más grande que la izquierda, ¿lo ve? Eso es porque la derecha le servía para hacer el trabajo, por eso tiene los músculos más **DESARROLLADOS**.

En ese punto intervine yo:

—¿Y China? ¡¿Cómo sabe usted que el señor Wilson ha estado en China?!

Entonces Holmes **SEÑALÓ** la muñeca derecha del hombre.

—He visto que el señor Wilson tiene ahí el tatuaje de un pez de color rosa. Pues bien, ¡sólo los **TATUADORES** de China utilizan esa tonalidad!

—¡Diantres, qué vista tan aguda! —exclamó el señor Wilson—. ¿Y cómo puede saber que últimamente he escrito mucho?

A continuación Holmes SUSPIRÓ, como si la respuesta fuera obvia.

—¿No ve sus mangas, señor? La derecha tiene la parte del puño brillante, mientras que la izquierda está gastada a la altura del codo. Eso significa que usted usa la mano derecha para escribir, mientras apoya el brazo izquierdo en la mesa.

No pude evitar sonreír. Conocía a Sherlock Holmes desde hacía mucho TIEMPO y, sin embargo, ¡¡sus deducciones GENIALES volvían a sorprenderme otra vez!!

Un anuncio misterioso

Por un instante el señor Wilson se quedó mudo y luego exclamó:

—¡Señor Holmes, es usted un portento! Creía que lo adivinaba, sin embargo, ¡sus razonamientos son completamente lógicos! Me habían dicho que era BUENO, pero ¡¡he de reconocer que es *excepcional*!!

Holmes lo cortó en seco:

—No perdamos el tiempo en charlas. Señor Wilson, explíquele su caso al doctor Watson. Yo aprovecharé para escucharlo una vez más y memorizar los detalles importantes. Empecemos por el anuncio que me ha enseñado antes...

El señor Wilson se SACÓ el *Morning Chronicle* del bolsillo. Estaba todo arrugado, como si lo hubieran leído y doblado muchísimas veces. Lo abrió y mostró un anuncio.

Esto es lo que decía:

Morning Chronicle

27 de abril de 1890

Para los socios de la Liga de los Pelirrojos

Gracias a la herencia del señor Ezekiah Hopkins, millonario de Pensilvania (Estados Unidos de América), la Liga de los Pelirrojos ofrece un puesto de trabajo a un nuevo socio. Éste recibirá un sueldo semanal de cuatro libras esterlinas por desempeñar funciones muy sencillas.

Para aspirar al puesto, es obligatorio ser pelirrojo y tener buena salud.

Las entrevistas tendrán lugar el lunes a las 11.00 horas en las oficinas de la Liga, en Pope's Court 7, Fleet Street. Rogamos a los candidatos que se presenten ante el señor Duncan Ross.

Yo estaba un poco PERPLEJO. ¡¿Por qué una sociedad querría elegir para un empleo sólo candidatos que fueran pelirrojos?!

Pero antes de que pudiera pedir explicaciones, Holmes comentó:

—Un anuncio SINGULAR, ¿no es cierto? Y ahora, señor Wilson, explíquenos cuál es su trabajo y qué consecuencias ha tenido este anuncio en su vida.

El señor Wilson CARRASPEÓ:

—Ejem, bueno... yo poseo una tienda de empeños en Coburg Square, cerca de la City. Pero, ¡por desgracia, el negocio no va muy bien! Hace ya bastante tiempo que tenía dos ayudantes... mientras que ahora sólo tengo uno y por suerte ha aceptado media paga, porque quiere aprender el oficio...

—¿Cómo se llama ese chico tan voluntarioso? —lo INTERRUMPIÓ Holmes.

—Vincent Spaulding. A decir verdad, yo no lo llamaría «chico»... Tendrá treinta años por lo menos. Pero ¡les **ASEGURO** que es el empleado más eficiente que he tenido nunca! Para elaborar un archivo de lo que tenemos en la tienda hace muchas fotografías continuamente y, en cuanto puede, ¡baja **CORRIENDO** al sótano para revelarlas!

Mmm... un momento. ¡¿Era normal que el empleado de una tienda de empeños se pasara el rato **HACIENDO** fotografías?! ¡Nunca había oído nada por el estilo!

—Hace algún tiempo —prosiguió el señor Wilson—, el señor Spaulding me enseñó este anuncio que han visto y comentó: «¡Ah, señor Wilson, es usted realmente **AFORTUNADO**! Lea este anuncio: ¡sólo buscan personas con el pelo pelirrojo, como el suyo! ¿Por qué no se presenta a la entrevista?». Tengo que confesar que la pro-

puesta era tentadora: después de todo, ¡cuatro libras a la semana son una buena suma y me vendrían muy bien! Así que me presenté a la entrevista, acompañado por mi fiel y apreciado Spaulding. ¡Figúrense, la fila de candidatos ocupaba la calle! Jóvenes y menos jóvenes, elegantes o descuidados... pero todos con el pelo PELIRROJO como el fuego. Los candidatos entraban en la oficina llenos de esperanza, pero luego salían DESILUSIONADOS... Mientras el señor Wilson hablaba, imaginé la larga fila de cabelleras pelirrojas. ¡Toda aquella situación me parecía muy, muy extraña!

¡Bienvenido a la Liga de los Pelirrojos!

El señor Wilson se secó la frente con un pañuelo y continuó:

—Cuando llegó mi turno, entré en una oficina llena de libros. El señor Duncan Ross, responsable de las entrevistas, era un hombrecillo de aspecto SERIO, ¡con una cabellera aún más pelirroja que la mía! Me preguntó si tenía familia y yo respondí que no. Él pareció DECEPCIONADO. Entonces, por honradez, le conté que tenía una tienda de empeños: quería dejar claro que no podría abandonar por completo mi actividad. Pero el señor Ross me dijo: «No debe preocuparse por su tienda de empeños, señor Wilson. ¡El trabajo con nosotros no es DURO y podrá mantener su actividad!». Qué buen hombre, ¿verdad?

No estaba SEGURO de estar de acuerdo con el señor Wilson, así que guardé silencio. También Sherlock Holmes prefirió no contestar. Nuestro visitante sonrió.

—No me parecía verdad, ¡iba a ganar cuatro libras a la semana por un trabajo sencillo!

—¿En qué consistía el empleo? —preguntó mi amigo Holmes.

—Tenía que copiar la *Enciclopedia Británica* a *pluma*, en folios grandes, de diez de la mañana a dos de la tarde. La pluma y el papel corrían a cargo de mi cuenta. Durante esas cuatro horas no podía abandonar la oficina *en absoluto* (en eso, el señor Ross fue **INFLEXIBLE**).

No podía creer lo que oía. ¿Copiar la *Enciclopedia Británica*? ¡¿Y para qué?!

Wilson añadió:

—Al final de la entrevista, ¡el señor Ross me tiró del pelo!

—*¡¿Del pelo?!* —me sobresalté.

El señor Wilson se encogió de HOMBROS.

—¡Sí! Yo también me sorprendí, pero él me dijo: «Discúlpeme, pero no sabe cuántos candidatos se han presentado con el pelo teñido, ¡o con PELUCA! Su pelo, en cambio, es natural... ¡Así que tengo el placer de comunicarle que usted es **perfecto** para el puesto! ¡Bienvenido a la Liga de los Pelirrojos!».

Sr. Duncan Ross

¿Una broma o un engaño?

Yo necesitaba recapitular. Al parecer, cierto millonario norteamericano había dejado en HERENCIA un puesto de trabajo en Londres, en una sociedad que se llamaba «Liga de los Pelirrojos». El empleo consistía en *copiar* la *Enciclopedia Británica* a mano durante cuatro horas al día. Según las **DISPOSICIONES** del millonario, el candidato debía ser pelirrojo y gozar de muy buena salud. ¡Todo eso no tenía sentido!

Mientras el señor Wilson daba pequeños **sorbos** a una taza de té muy caliente, Sherlock Holmes le preguntó:

—Y dígame, señor Wilson, ¿no se le pasó por la cabeza que esa entrevista podría ser una BROMA o... un engaño?

El señor Wilson asintió.

—Por supuesto. Antes que nada, soy comerciante: ¡a menudo tengo que vérmelas con TIMADORES! Sin embargo, les aseguro que el señor Ross me inspiraba la máxima confianza. De modo que, pese a lo inaudito de la situación, al día siguiente me presenté en mi nuevo trabajo, puntual como un reloj. Llevé conmigo pluma y folios... y me puse enseguida a copiar la primera página de la enciclopedia. ¡Trabajé con gran ahínco, sin parar ni un minuto! Al término de las cuatro horas, el señor Ross me felicitó: «¡Caramba, es usted un trabajador formidable!». Y a continuación me dijo que me podía marchar.

—¡Muy **interesante**! —comentó Holmes.

—Continué con el trabajo —siguió contando el señor Wilson—. Y el sábado encontré cuatro monedas de **oro** de una libra esterlina sobre el escritorio, ¡mi paga! Así pasaron los meses: por la mañana iba a la sede de la Liga de los Pelirrojos y por la tarde atendía mi negocio. Después de aquella primera semana, el señor Ross venía a comprobar mi trabajo cada vez menos, hasta que dejó de hacerlo del todo.

Holmes **FRUNCIÓ** el ceño.

—¿Y durante todo ese tiempo usted siguió copiando únicamente la enciclopedia?

—Desde luego, ¡era mi **TRABAJO**! Y lo hacía bien, ¿sabe? ¡En poquísimo tiempo copié las **ENTRADAS** «Armadura», «Arnés», «Arquero» y muchas otras! Estaba a punto de llegar a la letra B, cuando, **DE REPENTE**, todo se ha acabado.

—¡¿Acabado?! ¿En qué sentido? —preguntó Holmes.

El señor Wilson suspiró.

—Esta mañana he ido a trabajar como de costumbre, pero he encontrado la **PUERTA** de la oficina cerrada con llave y con un cartelito pegado. ¡Aquí está, pueden leerlo!

Wilson nos enseñó una cartulina en la que estaban escritas estas palabras:

> LONDRES, 9 DE OCTUBRE DE 1890
> ¡La Liga de los Pelirrojos se ha disuelto!

El pobre señor Wilson **MENEÓ** la cabeza, desolado.

—He preguntado en las oficinas de al lado... pero según parece ¡nadie ha oído hablar **NUNCA** de la Liga de los Pelirrojos, ni del señor Ross! Incluso he ido a ver al propietario del EDIFICIO, que me ha dicho: «El señor del primer piso, el pelirrojo, no se llama Duncan Ross, sino William Morris y se marchó de aquí ayer mismo». Le he pedido su nueva dirección, pero he DESCUBIERTO que corresponde a una fábrica de chocolate. ¡¡Por tanto, ni rastro de Ross, ni de Morris!!

Para mi gran SORPRESA, Sherlock Holmes sonrió. Tenía los ojos brillantes y una expresión astuta. ¡Seguro que había captado algo IMPORTANTE! Pero ¡¿qué?!

Una extraña cicatriz

En mi opinión, el señor Wilson había sido objeto de una **broma**. ¡Una broma muy tonta, además! Pero Sherlock Holmes me hizo notar un detalle importante:

—Tenemos que considerar que el señor Wilson tan sólo ha obtenido provecho de esta extraña situación. ¡De hecho, las libras que ha ganado son **auténticas**!

El señor Wilson lo confirmó:

—¡Vaya si lo son! Pero siento que se han **burlado** de mí. ¡Si la Liga de los Pelirrojos sólo quería copiar la letra «A» de la enciclopedia, podrían habérmelo dicho antes!

Holmes REPRIMIÓ una risita.

—¡Querido señor Wilson, SOSPECHO que detrás de esta puesta en escena se oculta un secreto mucho más peligroso que una enciclopedia! Nadie paga cuatro libras a la semana a una persona solamente para gastarle una broma. Si así fuera, ¡sería una broma bastante más COSTOSA!

Efectivamente, Holmes tenía razón. Luego mi amigo le dijo:

—Señor Wilson, quisiera que me hablara un poco del señor Spaulding, su ayudante. ¿Qué aspecto tiene?

Wilson reflexionó.

—Ah, bueno... Es de estatura mediana, delgado y bastante ágil. No lleva barba ni bigote. En cambio, tiene una CICATRIZ en mitad de la frente...

Al oír esas palabras, Holmes se puso en pie.

—¡Una cicatriz! —mi amigo se ensombreció—. Señor Wilson, deme un par de días y verá como resolveré este extraño misterio. Ahora vuelva a su tienda. ¡Le deseo que pase una buena tarde!

Al quedarnos solos, Holmes me pidió:

—Por favor, Watson, no me dirija la palabra durante cincuenta minutos. Cincuenta minutos exactos, gracias.

Luego cogió su violín y empezó a tocar una alegre melodía. Lo hacía siempre, cuando quería concentrarse...

En busca de pistas

Al cabo de cincuenta minutos exactos, Sherlock Holmes dejó de tocar su instrumento. ¡Parecía lleno de ENERGÍA!

—¡Querido Watson, esta tarde habrá un precioso concierto en St. James Hall! ¿Qué me dice, vamos? ¿Sus pacientes podrán pasar sin usted unas horas más?

—Claro, hoy estoy libre, Holmes —respondí con una sonrisa—. Pero... ¿no quería resolver el caso del señor Wilson?

—¡Tonterías, amigo mío! ¡Un concierto es lo que nos hace falta! Sin contar con que, por el camino, podemos parar a COMER algo.

Entonces comprendí su plan: ¡la tienda de empeños del señor Wilson estaba situada justamente cerca de la City, en el centro de Londres! Seguro que Holmes quería pasar a echar un VISTAZO...

Cogimos el metro hasta Aldersgate y seguimos a PIE hasta Coburg Square, la pequeña plaza donde se encontraba la tienda. Allí vimos enseguida el letrero, en el que DESTACABA el nombre:

JABEZ WILSON.

¡Era el lugar que buscábamos!

Antes de LLAMAR, Sherlock Holmes observó atentamente el escaparate de la tienda y recorrió toda la calle a lo ancho y a lo largo. ¿Qué estaría buscando?

Después, al cabo de un buen rato, hizo sonar la campanilla de la tienda.

Un hombre sin barba ni bigote apareció en la puerta, un tanto fastidiado. Tenía una cicatriz en la frente, ¡era Spaulding!

—Buenas tardes —nos saludó, con una sonrisita forzada. Tenía una expresión CONTRARIADA, como si lo hubiésemos interrumpido haciendo algo importante.

—¿Quieren... pasar?

Holmes NEGÓ con la cabeza.

—No, gracias, sólo queríamos preguntar cómo podemos ir de aquí a St. James Hall. Vamos allí a un concierto, pero, la verdad, nos hemos perdido...

Spaulding respondió rápido:

—Deben torcer por la tercera calle a la derecha, y luego por la cuarta a la izquierda.

Y cerró la PUERTA, sin siquiera despedirse. ¡¡Cuánta prisa!!

De REPENTE, Holmes dijo:

JABEZ
WILSON

—Este Spaulding es un tipo muy hábil, Watson. En mi opinión, ¡está en el cuarto puesto de los hombres más listos de la ciudad!

—¿Cómo lo sabe? ¿Ya lo conocía?

—Sí... —asintió Holmes—. Digamos que es un **VIEJO** conocido.

—Entonces, ¿le ha preguntado sólo para verle la cara?

—No, no para verle la cara —dijo Holmes sonriendo—. ¡Para verle las *rodilleras de los pantalones*!

¡Oh, cielos! ¡¿Qué tenían que ver sus pantalones en todo aquello?! No tenía ni **idea**. Pero no quería quedar como un ayudante poco **DESPIERTO**, así que simulé comprender:

—¡Aaah, los pantalones! Claro, claro. Entonces, ejem, ¿qué ha visto en esas... rodilleras?

—Lo que esperaba ver, QUERIDO Watson. Pero ahora, sígame, ¡tenemos que explorar los alrededores con la máxima cautela!

Pasada la tienda de empeños, la calle era más luminosa y elegante. Sherlock Holmes se colocó en una ESQUINA y examinó los edificios.

—Veamos... Allí está la frutería Mortimer, luego el quiosco, el Suburban Bank, el RESTAURANTE... ¡y el almacén de MacFarlane!

Hice un dibujo de la calle en mi libreta y apunté los nombres de todos los establecimientos en sus respectivas ubicaciones. Finalmente nos dirigimos al concierto. Me sentía bastante CONFUSO, pero Holmes, en cambio, ¡parecía más alegre que nunca!

¡Emboscada nocturna!

Sherlock Holmes adoraba la música. Era una de sus **grandes** pasiones, junto con la investigación, la esgrima y los experimentos científicos. Por eso, al final del concierto se sentía **lleno** de energía.

—¡Querido Watson, ahora estoy listo para indagar! Y esta noche necesitaré su ayuda. Un grave **delito** está a punto de cometerse delante de nuestras narices... Pero ¡todavía estamos a tiempo de evitarlo!

Me estremecí. ¡¿Un delito?! ¡Oh, no! A veces, ¡¡ser ayudante de Sherlock Holmes podía ser **PELIGROSÍSIMO**!!

Pero no habría abandonado a mi amigo por NADA del mundo, así que dije:

—¡Puede contar conmigo, Holmes!

—Perfecto. Entonces venga a Baker Street esta noche hacia las diez, ¡listo para la acción!

Emocionado, pero también un poco preocupado por la AVENTURA que nos esperaba, me fui a casa.

A las diez en punto estaba delante de la puerta de mi amigo Holmes.

Estaba en compañía de dos hombres: uno era Peter Jones, un agente de Scotland Yard; el otro era un tipo ALTO y esbelto, con un sombrero lustroso y una chaqueta negra.

—Doctor Watson —me dijo Holmes—, le presento al señor Merryweather, director del Suburban Bank. ¡Y ya conoce a nuestro amigo Peter Jones, de la policía de Scotland Yard!

REPRIMÍ una sonrisa. Definir a Peter Jones como «amigo» no era exacto, porque la policía siempre ponía reparos a los MÉTODOS de investigación de Sherlock Holmes, que encontraba un poco demasiado... FANTASIOSOS. De todos modos, en Scotland Yard sabían bien que Holmes era el detective más genial de Inglaterra y por eso, pese a todo, confiaban en él.

—Bien, ¿están listos? —nos PREGUNTÓ Holmes.

El señor Merryweather RESOPLÓ:

—Uf... ¡sólo espero que de esta expedición salga algo bueno! ¿Saben que esta noche es mi velada de *bridge*? ¡¡Hoy es la primera vez que falto en veintisiete años!!

—Su esfuerzo se verá recompensado, señor Merryweather... —lo tranquilizó Holmes.

—¡¿Podría informarme al menos a quién tenemos que capturar?!

221B

Holmes se ENSOMBRECIÓ.

—¡A uno de los criminales más buscados de Europa! Se hace llamar Vincent Spaulding, pero ¡su verdadero nombre es John Clay! Es nieto de un duque y estudió en las mejores universidades del país. Sin embargo, en vez de hacer carrera como un ciudadano honrado, emprendió el camino de la delincuencia, ¡es un ladrón y un falsificador! ¡¡Hace años que la policía y yo le seguimos la pista!!

El señor Merryweather, impresionado, dijo:

—Si la cosa es así... de acuerdo. En todo caso, démonos prisa. ¡No me gusta andar por las calles de noche!

Holmes llamó a un carruaje, que nos CONDUJO velozmente hasta el Suburban Bank, situado detrás de la tienda de empeños de Wilson.

El señor Merryweather nos hizo entrar en el banco por una puertecita lateral.

Resultaba EXTRAÑO caminar por un banco de noche: los pasillos estaban desiertos y nuestros pasos resonaban en la oscuridad... ¡¡Casi casi, me sentía un ladrón yo también!! Atravesamos algunas salas, bajamos unos PELDAÑOS y dejamos atrás tres puertas blindadas, hasta llegar a una cámara acorazada. Allí había ENORMES muebles con cajas de seguridad, que casi llegaban al techo, y pilas de lingotes de oro.

—¿Qué hay en estas cajas? —pregunté.

El señor Merryweather contestó:

—¡Oro! Para ser precisos, ¡treinta mil monedas de oro puro!

Respiré HONDO, ¡¡estábamos dentro de una auténtica caja de caudales!!

¡Atrapado!

Sherlock Holmes se arrodilló en el centro de la cámara acorazada y se puso a inspeccionar las baldosas del suelo, **grandes** y **CUADRADAS**.

—¡CHIS! —nos chistó—. Señores, les ruego que desde este momento guarden el máximo silencio. ¡Los ladrones llegarán dentro de poco y yo debo averiguar por dónde lo harán!

—¿Los ladrones? —repetí perplejo—. Pero... ¿no era uno solo?

Holmes SUSURRÓ:

—¡¡Por favor, Watson, baje la voz!! En cuanto a su pregunta, el se-

ñor Spaulding, o mejor dicho, John Clay, ha encontrado un **fiel** cómplice: ¡Duncan Ross! Yo estaba confuso y traté de organizar mis ideas: según Sherlock Holmes, Duncan Ross, es decir, William Morris, había **ENGAÑADO** al señor Wilson, mientras el señor Spaulding, o sea, John Clay, trabajaba en su tienda...

Pero ¿qué tenía que ver el señor Wilson con el Suburban Bank? No era más que un *pobre* comerciante... Reflexioné. El único elemento en común entre la tienda de empeños y el banco era... *¡¡la cercanía entre ambos edificios!!*

Como si **ADIVINARA** mis pensamientos, Holmes explicó el plan de los **MALHECHORES**:

—Los ladrones eligieron la tienda del señor Wilson porque está cerca del banco. Han excavado un túnel desde el sótano de la tienda de empeños hasta la cámara acorazada del banco, ¡¡para entrar agujereando el suelo!!

¡INCREÍBLE! Por eso Holmes había examinado las baldosas: ¡porque los ladrones iban a aparecer precisamente por allí!

En ese momento, oímos un sonido que venía del SUBSUELO. Los ladrones se movían por debajo de nosotros.

Holmes nos pidió que apagáramos las lámparas y nos ordenó en voz baja:

—¡Escondámonos! En cuanto los ladrones asomen por el suelo, los cercaremos y capturaremos. ¡Póngase a mi lado, Watson! ¡Agente Jones, usted colóquese ALLÍ con Merryweather!

Todos tomamos posiciones y esperamos en silencio e inmóviles. La tensión era altísima. En un momento dado oímos un extraño chirrido y una baldosa del suelo se alzó ligeramente, dejando pasar un haz de luz y una mano... La mano se convirtió en un brazo y por último... un cuerpo entero.

¡John Clay acababa de aparecer en la cámara acorazada, seguido por su cómplice pelirrojo! Encendí la lámpara y todos nos LANZAMOS sobre los ladrones, inmovilizándolos. El agente Jones se APRESURÓ a esposar a los dos malhechores, que pateaban y gritaban con gran desesperación.

Satisfecho, Sherlock Holmes EXCLAMÓ:

—¡¡Estás atrapado, John Clay!!

¡El caso está cerrado!

El amanecer iluminaba los tejados de Londres con una luz rosada, mientras Sherlock Holmes y yo caminábamos en dirección a Coburg Square.

Cuando despertamos al señor Wilson para contarle lo sucedido, al pobre hombre le costó mucho creer que su fiel ayudante fuera un **criminal**. Pero cuando supo que aquella misma noche Spaulding había sido pillado *in fraganti*, ¡tuvo que ACEPTAR la verdad!

John Clay y su cómplice se habían dado cuenta de que la tienda de empeños se encontraba en un lugar **perfecto** para llegar al banco.

Al ver la cabellera pelirroja del señor Wilson, los dos astutos criminales habían puesto un FALSO anuncio de trabajo, escrito adrede para atraer a Wilson. El falso empleo en la Liga de los Pelirrojos sólo servía para mantener al señor Wilson LEJOS de su negocio durante algunas horas al día, ¡dejando vía libre a los ladrones para CAVAR su túnel!

Tras despedirnos del señor Wilson, nos dirigimos a casa. Holmes suspiró.

—He de reconocerlo, Watson, el plan era realmente ASTUTO...

—¡Ah, sí! Pero todavía hay un detalle que se me escapa. Dígame, Holmes, ¡¿por qué en la tienda se fijó en las rodilleras de los pantalones de Spaulding?!

Holmes se ECHÓ a reír.

—¡Je, je! ¡*Elemental*, QUERIDO Watson! Sabía que Spaulding pa-

saba MUCHAS horas en el sótano y enseguida sospeché que no lo hacía para revelar fotografías, como le había dicho a Wilson, sino para hacer algo turbio. Reflexionando, supuse que se dedicaba a cavar una galería subterránea y sus pantalones confirmaron mi sospecha. ¡En efecto, las rodilleras de sus pantalones estaban completamente estropeadas debido a todo el tiempo que había pasado de rodillas cavando!

Sherlock Holmes siempre conseguía sorprenderme. Sonreí y le dije a mi amigo:

—Una última pregunta: ¿cómo estaba tan SEGURO de que el robo se cometería justo esta noche?

Sherlock Holmes me explicó:

—Cuando supe que habían cerrado la Liga de los Pelirrojos ayer por la mañana, pensé que la turbia actividad que encubría había terminado.

Y cuando llegué a la conclusión de que la actividad consistía en cavar un túnel hasta el banco, ¡me resultó fácil imaginar que los ladrones estaban listos para cometer el robo! El razonamiento, obviamente, era impecable: ¡Sherlock Holmes era de verdad EXTRAORDINARIO! Una vez más había logrado resolver un caso partiendo de detalles insignificantes, como una cicatriz en la frente y... ¡un poco de tela GASTADA!

Sherlock Holmes
Doctor John Watson
Henry Baker
James Ryder
Señor Breckinridge

La aventura del diamante azul

Un sombrero maltrecho

A Sherlock Holmes le encantaba pasar la fiesta de fin de año trabajando, haciendo experimentos científicos y leyendo periódicos. Pero yo LAMENTABA que se quedara encerrado en su casa, así que decidí hacerle una visita.

Tal como imaginaba, lo encontré hundido en un sillón, delante de una mesita llena de periódicos arrugados y tazas VACÍAS. Vestía ropa de estar por casa y tenía un aire perezoso.

Traté de espabilarlo con un saludo festivo:

—¡BUENOS DÍAS, Holmes! Hace un día espléndido, ¿y si fuéramos a dar un paseo?

Entonces me fijé que había un sombrero de fieltro **MALTRECHO** y una lupa sobre la mesita.

—¡Oh! Le pido disculpas, Holmes... ¿Lo he distraído?

Él bostezó, ABURRIDO.

—No me distrae en absoluto, amigo mío. Ya he examinado este sombrero varias veces.

—¿Alguien lo ha olvidado aquí?

Holmes NEGÓ con la cabeza.

—¡Qué va! Me lo ha traído Peterson, mi vecino. Ayer por la noche, en Goodge Street, tropezó con un tipo que transportaba bajo el brazo una **GRAN** oca en una canasta. En determinado momento, unos chavales intentaron hacerle una JUGARRETA. Peterson fue a defenderlo, pero el tipo ***HUYÓ*** antes de que él pudiera intervenir y abandonó en la calle tanto a la oca como el sombrero.

—¿Y qué ha sido de la oca? —le pregunté.

Holmes me **EXPLICÓ**:

—Atada a la pata llevaba una nota que decía: «*Para entregar al señor Henry Baker, es para su mujer*». Pero decenas de londinenses se llaman Henry Baker, así que Peterson se ha quedado la canasta con la oca y me ha traído a mí el sombrero por si podía descubrir algo más sobre su dueño.

—Pero ¡¿qué puede adivinarse con un **simple** sombrero?! —objeté.

Holmes **FRUNCIÓ** el ceño.

—Como bien sabe, Watson, ¡¡yo no *adivino*, yo *deduzco*!!

¡Observar y deducir!

Holmes me tendió el sombrero y la lupa.

—Un sombrero, si se observa detenidamente, puede revelar valiosa información. Ánimo, amigo mío, recuerde lo que le he enseñado: ¡*observar* y *deducir*! ¿Qué podemos decir de este sombrero?

Le di vueltas en mis manos. Parecía un modelo muy común, con el fieltro agrietado y el forro de seda roja gastado por el uso. En el ala manchada se veían algunos pelos cortos y grises. En un lado habían bordado las letras H. B. Evidentemente, eran las iniciales del nombre: Henry Baker. Aventuré una hipótesis:

—Bueno, diría que es un sombrero de hombre. Y con seguridad no pertenece a una persona rica... ¡Está muy estropeado!

Holmes me miró con gesto astuto:

—¿Está completamente SEGURO, Watson? En mi opinión, el dueño de este sombrero debió ser una persona rica *en otro tiempo*, pero ahora se encuentra en apuros económicos. Por no hablar de sus problemas familiares: ¡de hecho, está clarísimo que su mujer ya no lo ama!

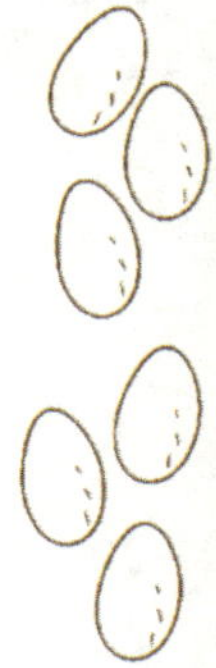

—Pero ¡¿cómo puede decir todo esto, Holmes? —pregunté sorprendido.

Mi amigo suspiró RESIGNADO ante mi ignorancia, y me explicó:

—Este sombrero es viejo: se trata de un modelo que estuvo de moda hace tres años. Pero, por entonces, era uno de los más caros, así que la persona que lo compró era rica, en aquel momento. El hecho de que este señor no haya cambiado de sombrero sugiere, sin embargo, que debe haber tenido PROBLEMAS financieros. En todo caso, ha conservado cierta dignidad y sigue cuidando su aspecto: los pelos cortos que hemos encontrado en el sombrero indican que probablemente ha ido al peluquero hace poco. Además, en vista de que son grises, podemos imaginar que el dueño es un señor de MEDIANA edad.

Holmes me miró con expresión satisfecha y yo, como siempre, quedé impresionado por su inteligencia. Pero había un DETALLE que todavía no lograba comprender.

—¿Y su mujer? —pregunté—. ¡¿Cómo puede decir que la mujer de este hombre ya no lo ama?! Mi apreciado amigo investigador sonrió satisfecho.

—Mi querido Watson, una MUJER que quisiera a su marido le haría notar que va por ahí con un sombrero muy MALTRECHO...

Como siempre, Sherlock Holmes tenía razón. Un sombrero podía proporcionar muchísima información INTERESANTE sobre su dueño, ¡sólo había que observarlo con ATENCIÓN!

Un huevo muy... ¡brillante!

Me estaba imaginando aún al dueño del sombrero, cuando un hombre irrumpió en el salón, después de abrir de par en par la PUERTA sin llamar. ¡Vaya modales!

El que había llegado era Peterson, el vecino de Holmes. Tenía las mejillas COLORADAS y una expresión ATÓNITA.

—La oca, señor Holmes... ¡¡La oca!! —gritó.

Holmes estaba sorprendido.

—¡Querido amigo, parece trastornado! Dígame, ¡¿qué le ha sucedido a esa pobre oca?!

El hombre sacó un curioso objeto del bolsillo.

—Mire lo que he encontrado debajo de ese plumífero esta misma mañana. Creía que era un huevo, pero mirándolo mejor...

El objeto era como una nuez de grande, pero brillaba con luz azul. ¡Era una piedra preciosa!

Holmes se sobresaltó.

—Pero si es el mismísimo diamante azul... ¡Es increíble!

Peterson DESORBITÓ los ojos.

—Ejem... ¿Y qué se supone que es?

—Se trata de la piedra más valiosa que existe: ¡el diamante azul de la condesa de Morcar! ¡Es una gema absolutamente única, de un valor INCALCULABLE! —explicó Holmes.

En ese momento me vino a la cabeza que a la condesa de Morcar le habían robado el célebre diamante en el Hotel Cosmopolitan. Y no había vuelto a saber de él desde entonces.

—Seguí el caso con gran interés —recordó Holmes—. El director del hotel, el señor James Ryder, había mandado a un **fontanero** llamado John Horner a arreglar un lavabo en la habitación de la condesa. Pero cuando el director subió a comprobar el trabajo, el fontanero ya no estaba. En cambio, alguien había *forzado* la cómoda, había abierto el joyero y había robado su contenido... ¡incluido el célebre diamante! La doncella de la condesa, la señorita Catherine Cusack, declaró que había oído **gritar** de consternación al director del hotel. El fontanero John Horner se declaró inocente, pero la policía no lo creyó y lo encerraron. Ahora se encuentra en la **cárcel**, en espera del juicio.

Peterson frunció el ceño.

—¡¿Y cómo es posible que el diamante haya acabado en la canasta de una oca?!

Holmes esbozó una gran sonrisa.

—¡Ése es justamente el misterio, querido amigo! Pero ¡ahora que Watson y yo hemos examinado el sombrero del señor Henry Baker, todo está más claro!

Lo miré verdaderamente PERPLEJO.

—¿Ah, sí? Y... ¿por qué?

Holmes cogió el diamante y explicó:

—Miren, esta piedra procede de la canasta de la oca. Y la oca viene del señor Henry Baker.

Imagino que el señor Baker querrá encontrar su oca, tal vez ni siquiera tenía conocimiento de la existencia de esta gema en la canasta del ave, pero en todo caso, como sabemos gracias a la nota, la oca era un REGALO para su mujer. Así que, para dar con el señor Baker, sólo tenemos que... ¡publicar un anuncio en los periódicos!

Poco después Peterson **CORRIÓ** a llevar a las oficinas de los diarios más vendidos un anuncio que Holmes me había dictado, para que lo publicaran; y mientras tanto el diamante azul quedó en manos de Holmes. Que, por supuesto, ¡era el lugar más seguro para guardar un **tesoro**!

El anuncio decía así:

Mensaje para el señor Henry Baker:
su oca y su sombrero de fieltro han sido hallados en las inmediaciones de Goodge Street. Para recuperarlos, debe presentarse en el número 221B de Baker Street, esta tarde a las 18.30 horas.

El Círculo de la Oca

Aquella tarde tenía que visitar a varios pacientes, así que no pensé más en el señor Baker y su oca hasta la noche, cuando volví a casa de mi amigo.

En la entrada me tropecé con un visitante de rostro inteligente, barbita puntiaguda y pelo corto y gris. Tenía un aspecto descuidado, pero su comportamiento era muy educado y correcto. Cuando se presentó, descubrí que era él en persona... *¡¡el señor Henry Baker!!*

Holmes lo recibió con cordialidad.

—¡Bienvenido, señor Baker! ¡No lo creerá, pero mi amigo, el doctor Watson y yo hemos estado

toda la mañana hablando precisamente de usted!

El señor Henry Baker pareció bastante sorprendido.

—¿De mí? ¿En serio? No imaginaba que fuera un tipo tan interesante.

Holmes le tendió el sombrero.

—Me alegra devolverle su sombrero, señor. A decir verdad, esperaba que fuera *usted* quien publicara un anuncio para recuperarlo...

El señor Baker se SONROJÓ visiblemente.

—Ejem, bueno... Por desgracia, los anuncios son muy caros y últimamente tengo unos problemillas económicos...

Holmes asintió.

—No se preocupe, caballero. Y por lo que respecta a su oca...

El señor Baker nos miró con aprensión.

—¿Dónde está?

Holmes fingió estar disgustado.

—Ah, por desgracia estaba muy nerviosa, ¡así que hemos tenido que dejarla con un amigo que tiene un gallinero!

Baker PALIDECIÓ.

—¡¿Cómo?! El anuncio decía que...

—¡El anuncio hablaba de una oca, desde luego! Y de hecho... —Holmes fue CORRIENDO a otra habitación y volvió con una gran oca en brazos—. ¡Aquí está! He pensado procurarle otra. Incluso me parece más hermosa que la anterior y, como ve, es muy tranquila...

Para ser sincero, yo esperaba que el señor Baker pidiera noticias de la canasta con el diamante azul; en cambio, al ver a la nueva oca su rostro se ILUMINÓ.

—¡¡Qué oca tan maravillosa!! ¿De verdad puedo quedármela?

Holmes sonrió y después asintió con gentileza.

—¡Pues claro! Ya sé que no es la suya, pero...

El señor Baker negó con la cabeza.

—¡Oh, no importa! Acababa de recoger a la otra, así que todavía no le había cogido cariño... Además, la primera oca tenía una raya negra en la cola, ¡ésta, en cambio, es blanca como la NIEVE y más bonita todavía!

Entonces Holmes le preguntó:

—¿Puede decirme dónde consiguió la otra? Era un ejemplar precioso...

Baker sonrió.

—Verá, yo trabajo en el British Museum y frecuento el MESÓN Alpha Inn, que se encuentra allí cerca. Este año el propietario del mesón, el señor Windigate, fundó el Círculo de la Oca y entonces decidí formar parte de él. Al final del año el mesón ha regalado una oca a todos los miembros.

Sherlock Holmes OBSERVÓ al señor Baker una última vez, y luego se despidió. Él nos saludó con una cómica INCLINACIÓN y se marchó con el ave entre los brazos.

Al quedarnos solos de nuevo, Holmes comentó.

—Henry Baker no tiene NADA que ver con el robo del diamante azul —dijo—. Ese pobre hombre no tenía ni idea de que la joya se encontraba en la canasta de la oca. Llegados a este punto, diría que sólo hay un lugar donde es preciso indagar: ¡el mesón Alpha Inn!

¡Como un gran actor!

La noche era gélida. Las ESTRELLAS brillaban en el cielo, mientras la nieve resplandecía a la luz de las farolas.

Sherlock Holmes y yo íbamos arrebujados en abrigos forrados, con bufandas de lana y guantes CALENTITOS. Nuestro aliento se condensaba en blancas nubecitas y nuestros pasos dejaban HUELLAS nítidas y profundas en la calle cubierta de nieve.

El mesón Alpha Inn, sede del Círculo de la Oca, estaba ABARROTADO de clientes. El dueño nos recibió con una jovial sonrisa. Llevaba una inmensa bandeja humeante a una de las mesas y estaba muy ATAREADO. Holmes lo saludó:

—¡Buenas noches! ¡Me han dicho que este local es muy famoso por las ocas que cría usted!

El mesonero nos miró de un modo RARO.

—¡¿Ocas?! —repitió. Luego, tras unos instantes, comprendió—: ¡Ah, quiere decir las del círculo! Pero señor, ¡esas ocas no las crío yo!

—¿Y de dónde vienen, entonces? —preguntó Holmes CEÑUDO.

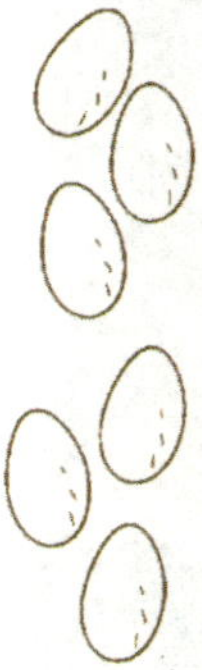

—Se las compré a un vendedor del mercado de Covent Garden —dijo el hombre—. Se llama... déjeme pensar... Ah, sí, ¡Breckinridge! ¿Lo conoce?

Holmes se encogió de hombros.

—No, pero pronto lo conoceré. ¡Le doy las gracias, señor, buena velada y buen trabajo!

Salimos del local un poco DESILUSIONADOS. Yo comenté:

—Resulta extraño indagar sobre una oca...

Sherlock Holmes me REPRENDIÓ:

—No debe subestimar la importancia de este caso, Watson. Es cierto que por una parte tenemos una simple oca con una joya en la canasta, pero por otra hay un hombre en la cárcel que se declara inocente, ¡y que podría ser condenado a siete años de trabajos forzados, a pesar de no haber cometido ningún delito!

Holmes tenía razón: debíamos intentar aportar luz sobre el robo del diamante azul. Y para hacerlo había que seguir el rastro de una oca... ¡Qué se le iba a hacer!

Atravesamos un auténtico LABERINTO de callejuelas y llegamos al gran mercado de Covent Garden.

El puesto de Breckinridge era uno de los más grandes y su letrero destacaba entre el resto.

Pero las jaulas de mimbre en las que guardaba las ocas estaban VACÍAS.
El señor Breckinridge, un tipo alto con patillas muy cuidadas y aire ANTIPÁTICO, estaba ayudando a un joven mozo a ordenar el puesto antes del cierre.
—Buenas noches, señor —lo saludó Holmes—. ¡Veo que ha vendido todas sus ocas!
El señor Breckinridge replicó:
—¡Si vuelve mañana encontrará muchas otras!

—No, gracias. Sólo quería saber quién le proporciona las AVES.
Breckinridge se irritó.
—¿Y por qué lo quiere saber? ¿Es que alguna de mis ocas le ha dado problemas?
Holmes lo tranquilizó:
—¡No, nada de eso! He apostado con mi amigo Watson a que sus ocas están criadas en el

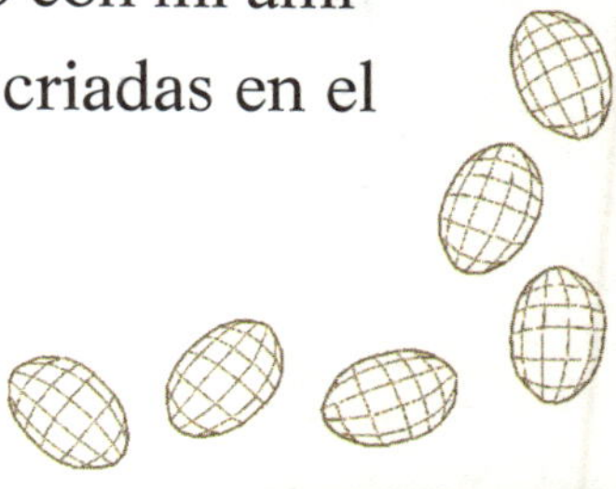

campo. ¡Son tan grandes y panzudas que no pueden haber crecido aquí en la ciudad!

El señor Breckinridge se IRRITÓ más.

—¿Ah, sí? ¡¿Y si le dijera que mis ocas vienen precisamente de la ciudad?!

Holmes contestó en un tono presuntuoso:

—¡Pues no me lo creería!

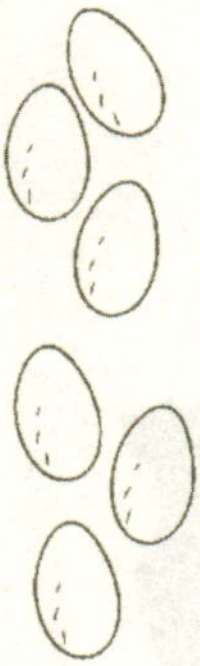

Era EXTRAÑO que Holmes se comportase de una manera tan arrogante, ¡seguro que era una estratagema para hacer que Breckinridge revelara el nombre de su proveedor! Y, de hecho, al final, el comerciante perdió la paciencia:

—¡Oh, vamos! ¡¡Si se empeña en saberlo, sepa que mis ocas proceden del criadero de la señora Oakshott, que se halla en el 117 de Brixton Road!!

Holmes fingió una gran decepción por haber perdido su apuesta. ¡A veces, mi amigo sabía interpretar como un gran actor!

—Ah, vaya... —refunfuñó—. Entonces, ¡usted tenía razón!

—¡Claro que tenía razón!

POR FIN habíamos conseguido saber de dónde provenía la oca que tenía el diamante azul en la canasta.

Había llegado el momento de dejar en paz al pobre señor Breckinridge, así que nos ALEJAMOS a toda prisa. Pero poco después sucedió algo que nos llevó a volver sobre nuestros PASOS...

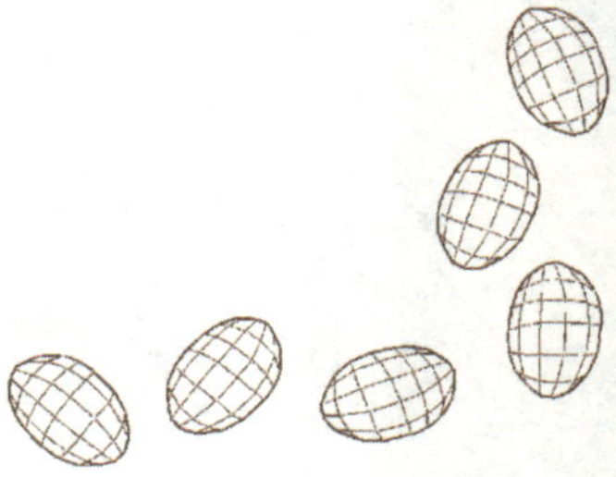

BRECKINRIDGE

Un tipo misterioso

¡Sherlock Holmes y yo estábamos a punto de salir del mercado de Covent Garden, cuando oímos al señor Breckinridge gritar:

—¡Ya está bien, me tienen harto con sus preguntas! ¡¿Quieren dejarme en paz, o tengo que llamar a la policía?!

El hombre le chillaba a un tipo de pequeña estatura, al que nosotros veíamos de espaldas. Era un hombrecillo GRÁCIL, que parecía muy nervioso y decía en voz baja:

—Se lo suplico, señor Breckinridge, ¡NECESITO urgentemente encontrar esa oca! Tenía una *raya* negra en la cola y...

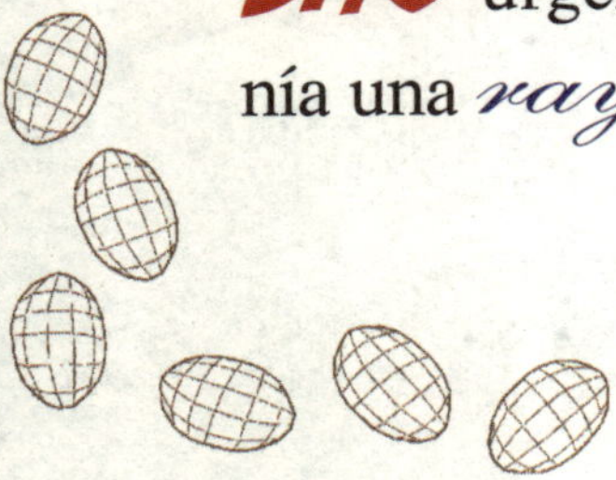

Di un respingo. ¿Una raya negra en la cola? ¡Ese hombre hablaba justamente de la oca del señor Henry Baker!

Breckinridge cruzó los brazos, cada vez más y más ENFADADO.

—Pero ¿cómo quiere que sepa dónde acaban mis ocas? ¡Yo se las vendo a quien me las compra y vuelvo a mis asuntos!

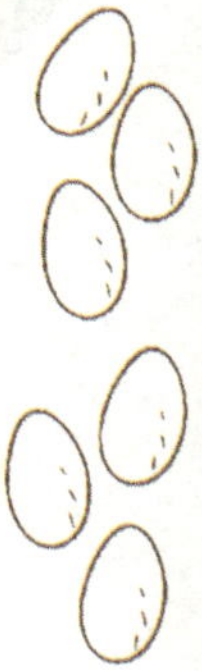

—Pero ¡la señora Oakshott me ha asegurado que usted apunta siempre el nombre de quien le compra una oca! —insistió el hombrecillo—. Por esa razón he venido a preguntarle directamente...

—Si la señora Oakshott necesita alguna información, me alegrará mucho dársela: esa mujer es proveedora mía, y también una BUENA persona. Pero si *usted*, señor mío, que es un completo desconocido, se presenta en mi tienda a la hora de cerrar, y quiere saber quién ha comprado una oca... ¡entonces, no espere que yo se lo diga!

—VAYA, VAYA... —susurró Holmes—. ¡Parece que ese señor está bastante interesado en cierta oca! Venga, querido Watson, vayamos inmediatamente a conocer a ese misterioso buscador de plumíferos...

RECKINRIDGE

¡Golpe de efecto!

Como una flecha disparada a la diana, Sherlock Holmes se acercó al puesto, fue derecho hacia el hombre misterioso y le TOCÓ el hombro.

Éste se sobresaltó como si lo hubieran pinchado con un alfiler y se volvió. Por fin pudimos verle la cara: chupada y PALIDÍSIMA, con ojeras OSCURAS, como si no hubiera dormido en muchas noches.

Holmes lo invitó a calmarse:

—Vamos, caballero, no tenga MIEDO, el doctor Watson y yo no somos policías...

El hombre empezó a temblar como una hoja.

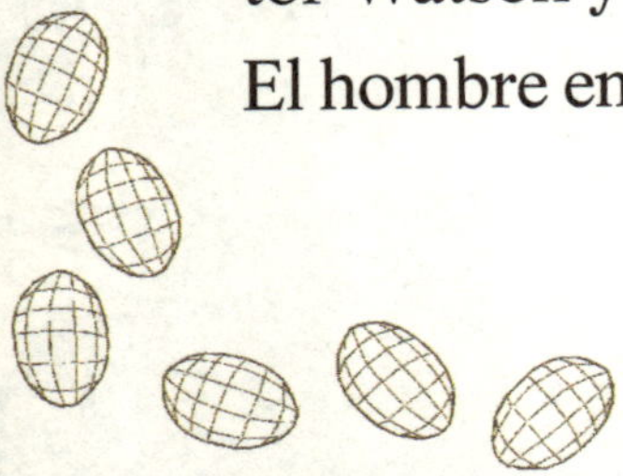

—¿P-policías? ¿P-p-por qué iba a tener miedo de la policía? ¡Y... yo no he hecho nada!
Holmes suspiró.
—Si no hubiese hecho nada, no estaría tan ATERRORIZADO, caballero...
—¡Qué sabrá usted!
Holmes HINCHÓ el pecho.
—Lamento mucho llevarle la contraria, pero soy Sherlock Holmes, investigador privado. ¡Y mi trabajo es precisamente saber lo que otros no saben!
Impresionado, el hombre **balbuceó**.
—¡¿Sherlock Holmes?! ¡¿El famoso detective privado?! ¡No es posible! —exclamó.
Sonreí para confirmar que mi amigo era de verdad Sherlock Holmes y le pregunté:
—¿Cómo se llama usted?
—Ejem... —VACILÓ—. John... Robinson.

—¡Venga, no mienta! —le RECRIMINÓ Holmes—. ¡Yo me doy cuenta enseguida si alguien miente!

Resignado, el hombre agachó la cabeza.

—Tiene razón. Me llamo... ¡James Ryder!

James Ryder... ¿Dónde había oído ya ese NOMBRE? ¡Ah, pues claro! ¡Era el director del Hotel Cosmopolitan, donde habían ROBADO el diamante azul de la condesa de Morcar! Pero ¿qué hacía allí?

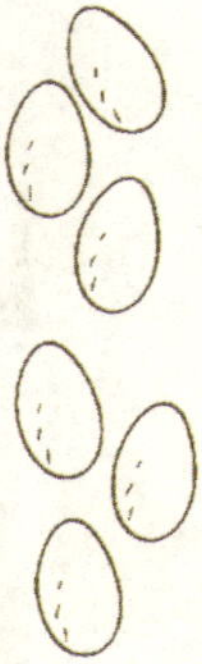

Antes de que pudiera preguntárselo, Holmes invitó al señor Ryder a acompañarnos a Baker Street.

¡El juego ha terminado!

Una vez entramos en el CÁLIDO apartamento de Sherlock Holmes, el señor James Ryder se DERRUMBÓ en un sillón. Parecía tan exhausto que me preocupó su salud.

—¿Se siente bien, caballero?

James Ryder negó con la cabeza.

—Ustedes no saben... Ustedes no entienden...

Holmes lo interrumpió:

—¡Al contrario, lo sabemos TODO, señor! Díganos la verdad: usted está buscando la oca que le vendieron al señor Henry Baker, ¡una oca blanca, con una raya negra en la cola!

El señor Ryder se animó.

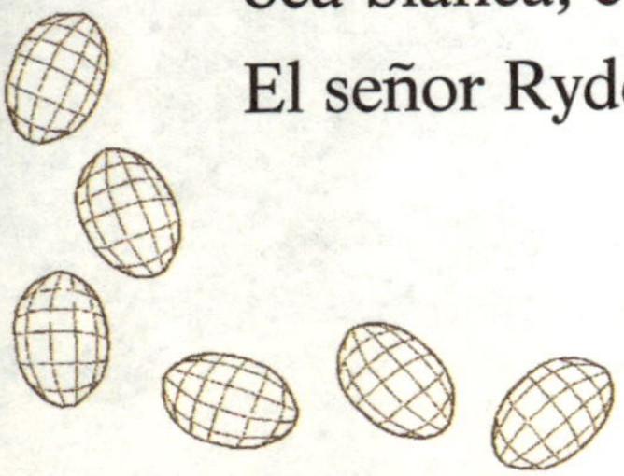

—¡Sí, es ésa, es ésa. Ésa es mi oca! ¡¡Oh, se lo ruego, dígame qué ha sido de ella!!

Holmes le respondió con calma:

—Si quiere saber qué ha sido de la oca, le diré que está en buenas manos. Pero si está más interesado en el huevo que en la oca... bueno, ¡está aquí!

El señor Ryder NEGÓ con la cabeza.

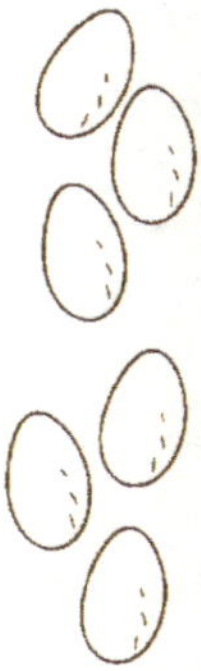

—¡¿El... huevo?! ¿A qué se refiere?

—A un huevo azul, muy brillante y valioso...

James Ryder dio un respingo.

—Oh, cielos... No me diga que el huevo que menciona es... ¡el diamante azul!

Mi amigo le enseñó la gema al señor Ryder, que saltó del sillón y alargó las manos para cogerla. Pero Holmes, rápidamente, lo detuvo.

—¡El juego ha terminado! —EXCLAMÓ—. Esta joya fue robada y, según creo, querido señor Ryder, ¡¡el ladrón es usted!!

James Ryder vaciló y cayó de rodillas. ¡Se había puesto tan pálido que parecía en realidad un FANTASMA!

—Yo... yo... ¡Oh, les suplico que me perdonen, señores! Actué impulsivamente... ¡JAMÁS había robado nada en toda mi vida!

Parecía tan DESESPERADO que me dieron ganas de consolarlo, pero la mirada GLACIAL de Holmes me detuvo. En efecto, el arrepentimiento del señor Ryder no debía ENGAÑARME: ¡debía recordar que aquel hombre era un malhechor! ¡¡No tan sólo había robado el diamante azul, sino que había dejado que otra persona, totalmente inocente, fuese arrestada en su lugar!!

Al cabo de un rato, cuando el director del hotel se recuperó, Sherlock Holmes lo interrogó:

—Bien, señor Ryder, ahora dígame la verdad. ¿Cómo sabía que la condesa de Morcar poseía

el diamante azul? Usted es el director, no entra en las habitaciones...

James Ryder confesó:

—Me lo dijo la señorita Catherine Cusack, la doncella de la condesa... Créame, señor Holmes, ¡el robo fue idea de ella! La ayudé porque... ¡Oh, cielos, no sé por qué! Quizá me atrajo toda aquella riqueza REPENTINA... ¡Compréndame, era un robo tan fácil! Mandé al fontanero John Horner a la habitación de la condesa para que arreglara el lavabo. Luego esperé a que terminara el trabajo y, con la doncella, forcé la cómoda, robé las alhajas del joyero y...

—¡Y acusó a un pobre inocente de un robo que no había cometido! —lo cortó Holmes—. ¿No pensó que le arruinaría la vida? ¡Por suerte, todavía estamos a tiempo de devolverle la libertad a ese buen hombre!

James Ryder se puso a SOLLOZAR como un niño.

—Tiene razón, señor Holmes... He sido egoísta... ¡Sólo pensé en la riqueza!

Pero Holmes no se dejó conmover.

—Es inútil llorar. ¡Usted y la señorita Cusack serán juzgados en un tribunal por los delitos que han cometido! Pero antes quiero que me aclare un último detalle...

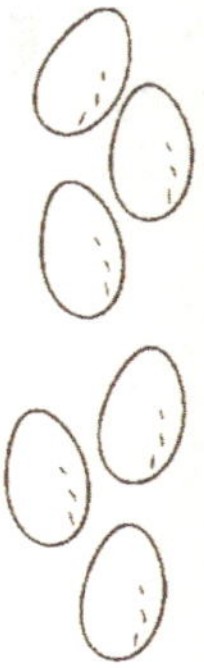

El incidente de la oca

¿Cómo había acabado el diamante azul en la canasta de una oca? Eso era lo que quería saber Sherlock Holmes, antes de cerrar aquel caso tan singular.

El señor James Ryder desveló el misterio:

—Después del robo, tenía que buscar un buen ESCONDRIJO para el diamante azul. Lo pensaba una y otra vez, pero no conseguía dar con la solución... Hasta que fui a COMER a casa de mi hermana. Está casada con el señor Oakshott y vive en Brixton Road. En su patio había muchas ocas, mi hermana me contó que las criaba para venderlas en el mercado.

Me ESTREMECÍ. ¿La señora Oakshott? ¡Era realmente increíble! ¡La proveedora del señor Breckinridge era hermana de James Ryder, el LADRÓN del diamante azul! Las piezas del rompecabezas comenzaban a encajar...

El señor Ryder continuó:

—Al ver todas aquellas ocas, tuve una idea genial: ¡podía esconder el diamante en la canasta de una y luego llevármela a casa! ¡Ningún policía se pondría a inspeccionar la canasta de un AVE! Así que busqué una oca que tuviera un detalle reconocible, para no CONFUNDIRLA con las demás. Afortunadamente, encontré una con una *raya* negra en la cola, sentada en una bonita canasta con un lazo rojo, ¡era perfecta! Pero luego algo se torció...

—¿La oca no quería quedarse en la canasta en la que había escondido el diamante azul? —le pregunté.

—No: la oca se acomodó en la canasta como si nada y yo, seguro de que la reconocería, disfruté de la comida con mi hermana. En el momento de irme, le pedí permiso para coger la oca como regalo y me marché satisfecho. ¡Por desgracia, hasta muchas horas después no me di cuenta de la tragedia!

—¡No me diga que alguien le robó la oca! —intervine de nuevo.

—¡¡Peor aún!! Dejé la oca en su canasta a buen recaudo en mi casa y volví al hotel para trabajar. Por la noche, al regresar, lo primero que hice fue echar un vistazo a aquel huevo ESPECIAL, pero me llevé una desagradable sorpresa: ¡el diamante había desaparecido! ¡Estaba nerviosísimo! ¿Qué había sido de él? Puesto que nadie había entrado en mi casa, volví corriendo a casa de mi hermana. Y no sólo no encontré ni rastro del diamante, ¡sino que

descubrí con HORROR que mi hermana tenía *dos* ocas con una raya negra en la cola, en *dos* canastas con un lazo rojo! La primera era la que yo me había llevado, mientras que la otra... ¡¡la había vendido aquella misma mañana!!

Holmes recapituló:

—La señora Oakshott le vendió la oca al señor Beckinridge, que a su vez se la vendió al dueño del Alpha Inn, que se la entregó al pobre señor Henry Baker, ¡que no tenía la menor idea de la riqueza que había caído en sus manos!

Admirado por esa reconstrucción de los hechos, exclamé:

—¡Caramba, cuántas vueltas!

El señor Ryder suspiró.

—Todavía tenía la esperanza de que el señor Breckinridge no hubiera vendido aún mi oca,

¡por eso he ido al mercado a preguntarle! ¡Desde luego, no imaginaba que tuviera un investigador pisándome los talones!

Sherlock Holmes se ENSOMBRECIÓ.

—Usted es culpable de un robo y una injusticia con un inocente. ¡No debería tener tanto MIEDO de un investigador, como de su conciencia!

James Ryder asintió arrepentido.

Más tarde el desdichado fontanero fue puesto en libertad, mientras que el señor Ryder y su cómplice, Catherine Cusack, fueron ARRESTADOS.

¡¡Así fue resuelto el caso de la oca con la cola negra y su EXTRAÑO huevo azul!!

Sherlock Holmes
Doctor John Watson
Alexander Holder
Arthur Holder
Mary Holder

La aventura de la diadema de brillantes

Tilín...

Era una clara y fría mañana de febrero. La nieve recién caída había cubierto la ciudad de una MULLIDA capa blanca. Sherlock Holmes y yo estábamos tomando una taza de té en su salón, cuando oímos la voz de un hombre en la calle.

Intrigado, me asomé a la ventana.

El hombre que daba voces era un tipo extravagante. Tendría unos sesenta años y, aunque vistiera ropa elegante, su comportamiento no correspondía a una persona de su rango: hablaba para sí, avanzaba con pasos inseguros sobre la NIEVE y movía las manos... ¡En resumen, parecía muy alterado! Y, además, se paraba delante de cada uno de los portales de Baker Street para mirar el número.

Mi amigo, que se había quedado sentado tan tranquilo **saboreando** el té, dijo:

—Yo creo que ese señor viene aquí.

Me **ECHÉ** a reír.

—¡¿Cómo puede decir eso, Holmes?! Ni siquiera lo ha visto...

—Lo he oído **gritar**, querido Watson. Y se intuye claramente que está muy **TURBADO**, así que es posible que tenga problemas. En su opinión, una persona metida en **LÍOS**, ¿qué puede buscar aquí, en Baker Street? ¿Una casa cualquiera o bien la de un investigador privado?

Estaba a punto de contestar, cuando el hombre se **DETUVO**

exactamente delante del portal de la vivienda de Holmes.

Y para mi grandísima SORPRESA... ¡¡tocó la campanilla!!

Tilín...

Holmes sonrió complacido.

—¿Qué le había dicho, amigo mío? Venga, abra la PUERTA a nuestro visitante. ¡Algo me dice que está aquí para proponernos un caso interesante!

¡Necesito ayuda, señor Holmes!

Nuestro visitante estaba visiblemente agitado. Nada más verme a la puerta, me preguntó:

—¿Es usted el señor Sherlock Holmes? ¡Oh, se lo suplico, señor Holmes, necesito AYUDA!

Le respondí con gentileza:

—No, soy su ayudante, el doctor Watson. Pero pase, el señor Holmes lo espera...

—¿Me espera? Pero ¡¿y cómo sabía que iba a venir?!

Sonreí.

—Oh, él siempre sabe si alguien lo busca. ¡Es una de sus dotes más *EXTRAORDINARIAS*!

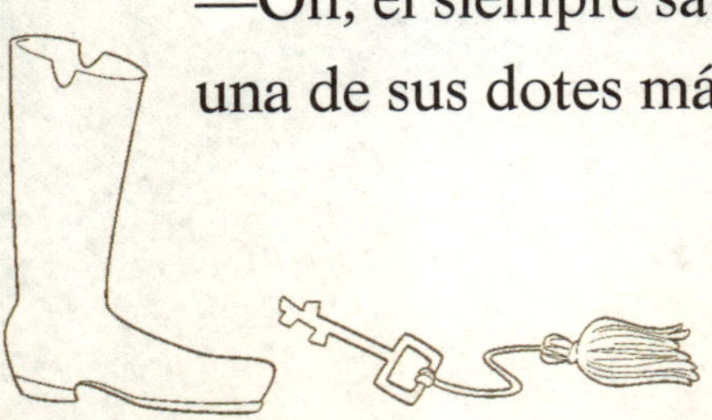

Impresionado, el hombre entró rápidamente y se presentó:

—Me llamo Alexander Holder y soy uno de los fundadores del banco Holder & Stevenson, que se encuentra en Threadneedle Street.

Con sólo oír el nombre supe de quién se trataba. ¡Alexander Holder era un personaje NOTORIO en la ciudad! ¿Qué podía haber sucedido para que uno de los ciudadanos más prestigiosos de Londres estuviese en APUROS?

El señor Holder nos explicó:

—La policía me ha aconsejado que recurra a usted, señor Holmes, porque la situación en la que me encuentro es bastante COMPLICADA. ¡Ni siquiera los agentes de Scotland Yard han podido ayudarme!

Mi amigo observó a nuestro visitante con los ojos brillándole de curiosidad, pero no abrió la boca. Así que el señor Holder prosiguió:

—Como ya sabrán, el Holder & Stevenson es uno de los bancos más IMPORTANTES de la ciudad. No nos limitamos a custodiar el dinero, sino que concedemos préstamos a quienes nos los solicitan. Pues bien, un día vino al banco un señor elegante y preguntó por mí. ¡Cuando leí el nombre en su tarjeta de visita, por poco no me CAÍ de la silla de la sorpresa! ¡El caballero que tenía delante era uno de los personajes más INFLUYENTES y reverenciados de toda Inglaterra!

Holmes intervino:

—¿Cuánto dinero necesitaba ese caballero?

—Cincuenta mil libras. Me dijo: «Se lo devolveré TODO dentro de una semana, pero es esencial que disponga de ese dinero inmediatamente!». Le hice notar que, para obtener un préstamo, necesitaba un aval: algo que sirviera de fianza hasta que el DINERO fuera restituido al banco. Entonces él me enseñó un estuche negro y me hizo una pregunta que me sumió en la INQUIETUD. Me dijo: «¿Ha oído hablar alguna vez de la diadema de brillantes?». Holmes dio un brinco en su silla. Y no era para menos: ¡¡la célebre diadema de brillantes es patrimonio nacional del Imperio Británico!!

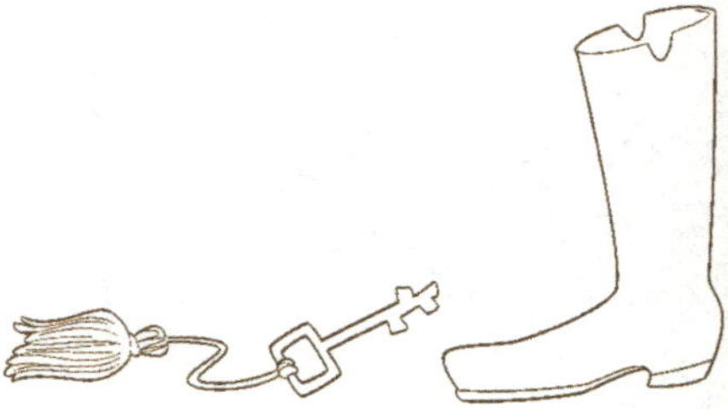

Sr. Alexander Holder

Un tesoro que esconder

El señor Holder continuó con el relato:

—Acepté la diadema de brillantes como fianza por el préstamo e hice que le entregaran cincuenta mil libras al cliente, cuyo nombre **NO** puedo revelar. Pero ¡en aquel momento, empezó para mí una *pesadilla*! —para mi gran sorpresa, los ojos del banquero se llenaron de lágrimas—. Verán, en cuarenta años de carrera nunca me había ocurrido nada parecido. ¡Tenía en la mano un tesoro de valor incalculable, una pieza única! No podía arriesgarme a dejarlo en el banco, porque en nuestra sucursal habían robado recientemente y tenía MIEDO de que volviera a suceder. Así que decidí llevarme la diadema de brillantes a mi casa y ponerla a buen recaudo, en mi dormitorio...

—¿Se llevó la diadema a su casa para que estuviera segura? —le preguntó Holmes.

—¡Exacto! Y ahora conviene que les hable de mi familia. Verán, yo soy viudo y tengo un solo hijo, que se llama Arthur. Por desgracia, es un joven sin ningunas ganas de trabajar, que se pasa el TIEMPO despilfarrando dinero. ¡Por no hablar de las malas compañías que frecuenta!

—Malas compañías... ¿Por ejemplo? —quiso saber Holmes.

El señor Holder reflexionó y contestó:

—Bueno, hay sobre todo un individuo que ejerce una PÉSIMA influencia sobre mi hijo. Se llama sir George Burnwell, un hombre muy refinado, siempre elegantísimo... Pero yo no me fío de él. Se las da de caballero, pero en realidad es un gran holgazán, que mata el tiempo conquistando el corazón de muchachas ingenuas y metiendo en líos a quienes se juntan con él... Como mi hijo Arthur.

—¿Quién más vive con ustedes?

En aquel preciso instante el rostro del señor Holder se iluminó.

—Mi sobrina Mary, que adopté tras la desaparición de sus padres. Ah... ¡Mary es como un rayo de sol! Es dulce, guapa y amable... ¡Una criatura adorable! Mi hijo Arthur está PROFUNDAMENTE enamorado de ella... Incluso le ha pedido que se case con él, pero por desgracia Mary ha rechazado la proposición, porque no corresponde a su amor. No puedo reprochárselo, Arthur es un verdadero gandul. Pero ¡es una lástima, porque Mary es la ÚNICA persona en el mundo que podría llevarlo por buen camino!

—También debe tener servidumbre, imagino... —sugirió Holmes.

El señor Holder se lo confirmó:

—Tengo algunos criados que trabajan para mí desde hace años. Y últimamente he contratado a una nueva criada, se llama Lucy Parr. ¡Es una chica muy agraciada, siempre RODEADA de admiradores! Pero es una buena trabajadora, no tengo ningún motivo para QUEJARME.

Holmes le preguntó a bocajarro:

—Dígame, señor Holder, entre las personas que ha mencionado, ¿de cuál se fía más?

—De Mary, sin DUDA. ¡Mi sobrina es mi mano derecha! No sé qué haría sin su apoyo. ¡No sólo se ocupa de la casa, sino también me ayuda a llevar la contabilidad y gestionar los asuntos familiares!

Sherlock Holmes pareció muy impresionado por ese detalle: vi que garabateaba algo al respecto. Para no ser menos, yo también tomé notas.

Holmes preguntó de nuevo:

—¿Dónde escondió la diadema, exactamente?

—En el cajón del escritorio de mi dormitorio, que siempre está cerrado con llave. Durante la CENA, informé a Mary y Arthur de la presencia en casa de aquel tesoro. Necesitaba su colaboración, ¡toda la familia debía ESFORZARSE en vigilar la valiosa joya!

—¿Por casualidad aquella noche sucedió algo raro? —quiso saber una vez más Holmes.

El hombre se ENSOMBRECIÓ.

—Bueno, algo sí ocurrió, pero no puedo decir que fuera raro. En fin... mi hijo Arthur me pi-

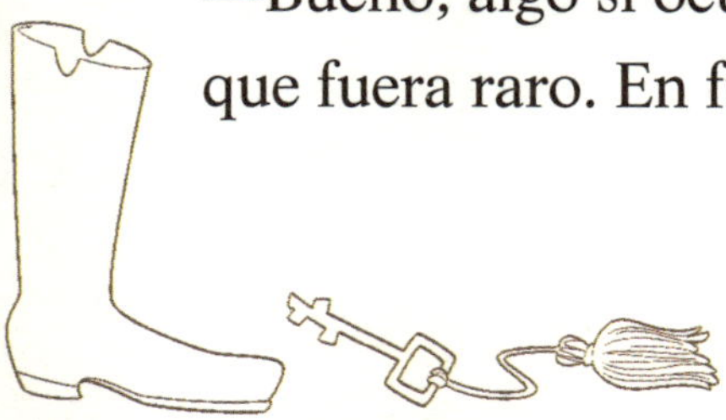

dió prestadas doscientas libras. Pero se las negué, recordándole que ya le había dado una buena suma de dinero este mes. Y lo exhorté: «Arthur, si necesitas DINERO, ¡¿por qué no buscas un trabajo?!». Ofendido, me replicó: «¡Pues ya obtendré el dinero de otra manera!». Tendría que haber comprendido que tenía en mente algo turbio...

Un admirador secreto

Estaba un tanto confuso: ¿por qué el señor Holder nos hablaba de su familia y de su casa? ¿Qué tenían que ver aquellas personas con la diadema de brillantes? ¡¿Acaso alguno de ellos había intentado... robar la joya?!

El señor Holder se explicó poco después:

—Dejen que les cuente lo que ocurrió por la noche. ¡Entenderán por qué estoy aquí! Antes de acostarme, comprobé que la diadema de brillantes estuviera en su sitio y el cajón del escritorio cerrado con llave. Luego di una vuelta por la casa para asegurarme de que las puertas y ventanas estuviesen con los cerrojos

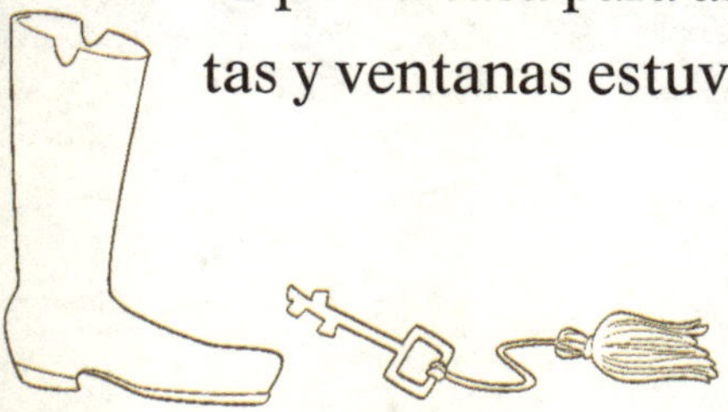

echados: mi sobrina lo estaba haciendo, como siempre. La encontré en el salón, cerca de una ventana. Me di cuenta de que tenía una expresión TURBADA... Sorprendido, le pregunté: «¿Qué ocurre, Mary? ¿Estás intranquila por la diadema?». Ella contestó: «Bueno... en realidad estoy preocupada por Lucy, la nueva criada. Hace poco ha salido unos minutos y... se ha encontrado con alguien en la verja; han cruzado unas palabras y luego ha regresado. Me ha parecido un comportamiento un poco EXTRAÑO...».

A mí el hecho no me asombró. Como ya he dicho, Lucy es una muchacha muy cortejada y a menudo recibe ramos de FLORES o pequeños regalos. Así que tranquilicé a mi sobrina: «No te preocupes, cielo, ¡probablemente Lucy ha aceptado un obsequio de algún admirador, eso es todo!». Pero ella no parecía convencida. Es más, a decir verdad, me pareció hasta demasiado agitada por aquel encuentro secreto y pensé que, posiblemente, también a ella le habría gustado recibir alguna prenda de amor... ¡Quizá por eso estaba tan interesada en el comportamiento de Lucy! Al final le pregunté si había cerrado todos los postigos y ella me aseguró que sí. Sólo me quedó desearle buenas noches e irme a dormir.

¡Qué canalla!

Sherlock Holmes INTERRUMPIÓ la relación de los hechos:

—Este episodio nocturno es muy interesante. Señor Holder, ¿sabe usted quién era el admirador de la señorita Lucy?

El banquero contestó que no lo sabía, y siguió contando:

—Aquella noche sólo conseguí dormir unas horas. Hacia las dos de la madrugada me DESPERTÓ un ruido amortiguado. Tenía la impresión de que alguien vagaba por la casa con PASOS sigilosos. Pensé:

«Quizá sea Mary que va a la cocina a tomar un vaso de leche». A veces lo hace, cuando no puede dormir... Pero luego me di cuenta de que las pisadas sonaban muy cerca, ¡incluso dentro de mi habitación! Preocupado por la diadema, ENCENDÍ inmediatamente la lámpara. Lo que vi me destrozó el corazón: mi hijo, mi único hijo, estaba frente a mí, como un MALHECHOR pillado *in fraganti*, ¡¡y tenía la diadema de brillantes en la mano!!

Sherlock Holmes le preguntó:

—¿Cómo abrió Arthur el escritorio? ¿También tenía llave?

El banquero GIMIÓ:

—Tengo una de reserva escondida en el aparador. Sólo Arthur, Mary y yo conocemos la existencia de esa segunda llave. No se imaginan lo que sentí. Creía que la diadema estaba segura, ¿entienden? ¡Y, sin embargo, mi propio hijo ha-

bía TRAICIONADO mi confianza! Iba descalzo, evidentemente para que nadie lo oyera, y tenía la joya en las manos... ¡Y la estaba doblando en dos! Chillé con todo el aire de mis pulmones:

«¡ARTHUR! ¡¡NO ERES MÁS QUE UN LADRÓN!!».

Entonces él palideció y me miró como si yo fuera un FANTASMA...

Los tres brillantes desaparecidos

Las sorpresas todavía no habían acabado, porque el señor Holder reveló con gran PESADUMBRE:

—De la diadema se habían desprendido tres brillantes. Los busqué por todas partes, pero se habían perdido, desaparecido, ¡¡VOLATILIZADO!! Entonces pensé que Arthur podría haberlos escondido en algún sitio. Le grité: «¡¿Dónde están los tres brillantes que faltan?! ¿Dónde los has escondido? ¡Ladrón!». Él CALLÓ y yo intenté hacerlo razonar: «Arthur, por favor. Como padre tuyo que soy, podría perdonarte esta **gravísima** acción,

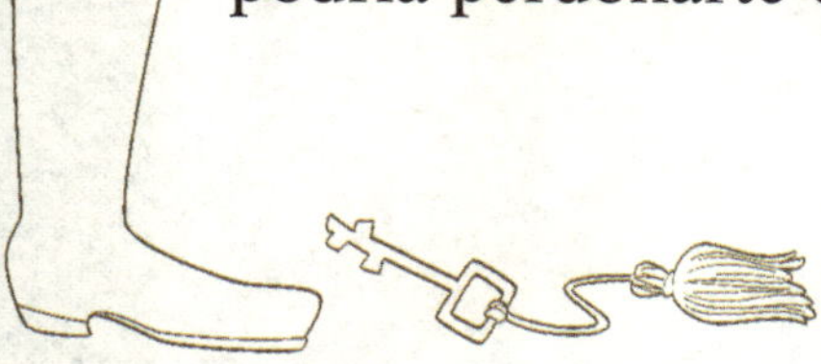

pero tienes que decirme inmediatamente dónde están los brillantes que faltan. ¡Dímelo y trataré de DISCULPAR tu conducta!».

—Señor Holder, ¿el muchacho le reveló el escondrijo? —le preguntó Holmes.

—Nada de eso —dijo Holder NEGANDO con la cabeza—. Y me vi obligado a llamar a la policía para que se lo llevara. Fue una decisión DOLOROSA, créanme... ¡Para un padre no es fácil hacer que arresten a su propio hijo! Pero ¡Arthur tenía que ser castigado!

—Supongo que, cuando llegó la policía, los demás de la casa se DESPERTARON... —aventuró mi amigo.

—¡Claro! Mary fue la primera en ACUDIR a mi cuarto. ¡Estaba trastornada! Al principio MIRÓ a Arthur como si quisiera decirle algo,

pero luego perdió el sentido y se desplomó sobre la alfombra. ¡Pobre chica!

—¿Y cuál fue la reacción de la criada Lucy Parr? —lo ACUCIÓ Holmes.

El señor Holder trató de recordar.

—Bueno... para ser sincero, no presté atención. Pero supongo que estaría muy TURBADA, como todos nosotros. Aunque recuerdo que, cuando Mary se desmayó, la chica se apresuró a socorrerla...

Mi amigo insistía con las preguntas:

—Y dígame... ¿encontraron finalmente los tres diamantes?

El señor Holder negó con la cabeza.

—No. La policía registró el cuarto de Arthur y también los de la casa, pero ¡ni rastro de los diamantes! IMPLORÉ a mi hijo que confesara y dijera dónde los había escondido, pero no habló. Verá, señor Holmes, precisamente por esto he venido a su casa: ¡necesito encontrar los brillantes DESAPARECIDOS! ¡Y lo antes posible! Dentro de unos días, el **noble** que me dejó la diadema como fianza volverá para recuperarla ¡¡y **NO** pienso restituírsela con tres brillantes menos!!

Sherlock Holmes **reflexionó**, y luego dijo:

—Señor Holder, estoy dispuesto a ayudarlo.

¡Y así comenzó nuestra **investigación**!

Una pregunta importante

Antes de nada, Sherlock Holmes le hizo una pregunta muy importante al señor Holder:

—Dígame con toda HONESTIDAD, ¿está usted completamente seguro de que el culpable del robo es su hijo Arthur?

El hombre contestó sin TITUBEOS:

—Sí, estoy segurísimo. ¿Cómo no iba a estarlo? ¡Lo pillé *in fraganti*!

Holmes reflexionó sobre esas **palabras**, pero luego cambió de tema:

—Señor, usted nos ha contado que, en el momento del DESCUBRIMIENTO del robo, su

hijo tenía la diadema en las manos y, si recuerdo bien sus palabras, «la estaba DOBLANDO en dos». Me parece un detalle muy curioso. ¿Se ha preguntado por qué su hijo estaba haciendo una cosa así?

—Bueno... ¡creo que Arthur quería romper la joya para poder desprender los brillantes más fácilmente!

—Pero me parece un poco raro que alguien intente ROMPER semejante joya con tan sólo las manos, sin utilizar un instrumento —objetó Holmes—. ¿No es posible que Arthur, en vez de estar doblando la diadema, estuviera intentando de algún modo... enderezarla?

El señor Holder abrió mucho los OJOS.

—¡¿Qué?! ¡¿Cree que quería enderezarla?! Bueno, he de reconocer que no había pensado en tal eventualidad. Pero ¿qué SENTIDO tendría? Si Arthur había arrancado ya tres brillantes, ¿para qué habría querido enderezar la diadema? ¡Me parece más probable que quisiera coger las otras piedras!

Pero Holmes no estaba de acuerdo.

—Como le decía, a mí me parece más sensato que su hijo intentara DESESPERADAMENTE «arreglar» la diadema, aunque sin conseguirlo. ¿No cree usted, señor Holder, que podría haber sido de esa manera?

El señor Holder estaba CONFUNDIDO.

—Bueno... viéndolo así... en efecto... —balbuceó—. Pero entonces, ¿por qué Arthur no me dijo ENSEGUIDA cuál era su intención?

Sherlock Holmes sonrió y comentó:

—Eso aún no lo sabemos, pero para averiguar lo que DE VERDAD sucedió, tenemos que considerar todas las posibilidades con mentalidad ABIERTA, sin dejarnos condicionar por las apariencias. Señor mío, hay muchas soluciones posibles para este caso. Usted está persuadido de que el responsable del robo es su hijo, así que interpreta los indicios como pruebas de culpabilidad. Pero yo no estoy nada CONVENCIDO. En lo que a mí respecta, los indicios pueden sugerir explicaciones muy distintas...

Las palabras de mi amigo nos hicieron reflexionar. Sherlock Holmes tenía razón: un indicio podía apuntar a muchas POSIBILIDADES, ¡según cómo se interpretara!

¡Algo no cuadra!

En mi opinión, Sherlock Holmes tenía ya una teoría sobre el caso, mientras que yo... ¡no tenía ni la menor idea!

De hecho, tras quedarse en silencio durante unos minutos, mi amigo detective EXCLAMÓ:

—¡Algo no cuadra!

El banquero lo miró con expresión interrogativa.

—Señor Holder —le preguntó Holmes—, ¿cuánto tiempo pasó desde el momento en que los PASOS de su hijo lo

DESPERTARON hasta que sorprendió a Arthur con la diadema en la mano?

El hombre lo pensó.

—Bueno, veamos... deje que haga un RÁPIDO cálculo... Pasarían unos dos o tres minutos como mucho.

—¡¿Y cree usted que, en dos o tres minutos, un ladrón puede abrir un cajón cerrado con llave, robar la diadema, arrancar tres brillantes, correr a ESCONDERLOS en algún sitio, volver a coger la diadema y DOBLARLA en dos para quitar más brillantes?! ¡¿De verdad, según usted, todas estas acciones requieren tan sólo dos o tres minutos?!

El señor Holder parecía confuso.

—No lo había pensado...

—Pues claro que no lo había pensado, ¡porque usted no es investigador! —EXCLAMÓ Sherlock Holmes—. Por eso las personas recu-

rren a mí o a la policía para resolver un caso: ¡es tarea nuestra establecer si un ACUSADO es culpable o no! ¡Y por eso, mi QUERIDO señor, usted hubiera tenido que consultarme incluso antes de hacer que arrestaran a su hijo!
El banquero parecía un parvulito REGAÑADO por el maestro.
—Pero yo... creía que estaba actuando debidamente... —murmuró.
—¡A veces la verdad no es tan simple como parece! —Y dicho esto, Sherlock Holmes se puso el abrigo y anunció—: ¡Ha llegado el momento de examinar el escenario del crimen!

Huellas sospechosas...

La casa del señor Holder estaba en una zona elegante, ALEJADA del centro de la ciudad.

Era un gran edificio de piedra, rodeado por un jardín, un establo y una cerca de SETOS bien cuidados.

Sherlock Holmes inspeccionó atentamente el exterior, deteniéndose en las ventanas del salón. Observó el terreno con la lupa y descubrió en la NIEVE unas huellas SOSPECHOSAS...

Eran de dos clases. Las primeras pertenecían a unos pies descalzos: partían de una ventana y se dirigían hacia el centro del jardín, donde se

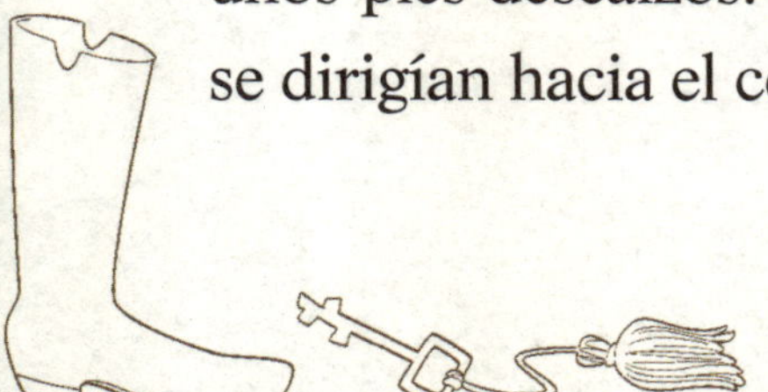

CONFUNDÍAN en una mancha indistinta y luego volvían atrás. Junto a ellas habían otras HUE-LLAS más profundas, pero que no se detenían en el jardín, sino que proseguían hacia un bosquecillo cercano. No correspondían a unos pies descalzos, sino a unas botas.

—¿Cree que estas huellas son de dos individuos distintos? —le pregunté a Holmes.

—Estoy seguro, Watson —asintió él—. ¡Y esto REFUERZA mis sospechas sobre la inocencia de Arthur Holder! Pero no nos apresuremos, quiero examinar también el interior de la casa...

El señor Holder nos enseñó todas las habitaciones, en especial su dormitorio y el escritorio. Holmes no encontró NADA interesante.

Por último, entramos en un AMPLIO y elegante salón, caldeado por una CHIMENEA chisporroteante.
Allí, Sherlock Holmes y yo conocimos a la sobrina del banquero, la dulce Mary.
El señor Holder tenía razón: saltaba a la vista que era una chica agradable y gentil. Tenía el pelo y los ojos negros, una tez BLANCA como la porcelana y mejillas sonrosadas como melocotones. ¡¡Era realmente encantadora!!
Mary corrió a abrazar a su tío.
—¡Oh, tío! ¿Dónde has estado? ¡Empezaba a preocuparme!
El señor Holder le sonrió con dulzura.
—¡He ido a buscar al señor Sherlock Holmes, cielo, el investigador privado! Está aquí con su ayudante, el doctor Watson.
Al oír el nombre de mi amigo, la muchacha se ESTREMECIÓ.

—¡¿Sherlock Holmes?! ¡¿El famoso investigador?! ¡Señor Holmes, es... es un... HONOR conocerlo! Encontrará los brillantes, ¿verdad? ¿Ayudará a nuestro Arthur? No debe hacerle caso a mi tío, ¡¡él es inocente!!

Lo dijo con tanta convicción que sentí un impulso de afecto hacia aquella muchacha. ¡Quería tanto a su primo, que no tenía ninguna duda sobre su inocencia!

Traté de saber qué pensaba Holmes de la chica, pero él parecía pensativo. Era como si intentara asir algún detalle que, sin embargo, se le escapaba...

La dulce Mary

Sherlock Holmes salió de sus meditaciones y saludó a la señorita Mary con una respetuosa INCLINACIÓN.

—Es un PLACER conocerla, señorita. Y estoy de acuerdo con usted, yo también creo que el señor Arthur es inocente. Por desgracia, ¡para demostrarlo tenemos que encontrar al verdadero culpable!

Mary asintió. Había algo frágil en aquella muchacha... ¡Ahora comprendía por qué el señor Holder era tan protector con ella!

En cambio, Holmes no parecía nada impresionado por la GRACIA de la chica y, después de

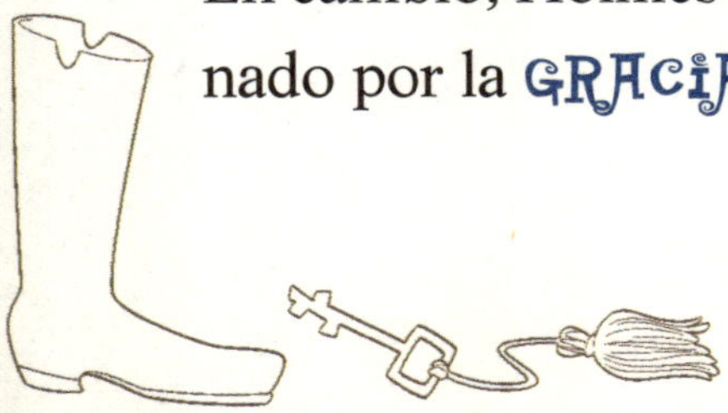

las presentaciones, empezó a hacerle algunas preguntas precisas.

—Dígame, señorita Mary, ayer por la noche, la noche del delito, ¿usted había cerrado las puertas y ventanas con cerrojo?

—Sí, todas —confirmó Mary.

—¿Y esta MAÑANA estaban cerradas?

—Sí.

Holmes bajó la voz.

—Sé que ayer por la noche también usted vio a la criada Lucy Parr con un admirador... ¿Tiene idea de quién puede ser ese JOVENZUELO?

—¡Oh, sí! Lo he pensado mucho y al final lo he reconocido: se trata del frutero que nos trae la verdura a casa. Se llama... Déjeme pensar... ¡Prosper! ¡Francis Prosper!

Anoté el nombre, mientras Holmes seguía con sus preguntas.

—Y dígame, ¿cree usted que Lucy y su ADMIRADOR podrían tener algo que ver con el robo de la diadema?

La señorita Mary bajó la MIRADA. ¡Quizá le disgustara acusar a la joven criada! Pero luego se armó de VALOR y dijo:

—Sí... sí, señor Holmes. En mi opinión, ¡el ladrón es precisamente Francis Prosper!

Un extraño vagabundo

Para gran SORPRESA de todos, obviamente también mía, Sherlock Holmes declaró que sus indagaciones en el lugar del delito habían concluido.

El señor Holder intentó retenerlo.

—Pero... señor Holmes... ¡todavía no hemos encontrado los tres brillantes!

Él se encogió de HOMBROS.

—¡Los encontraremos, ya lo verá! Pero ahora tengo hambre y quiero volver a casa. ¡Necesito reflexionar, llenar el estómago y dormir bien! No se preocupe, señor Holder: deme un día de tiempo y este DESGRACIADO asunto se

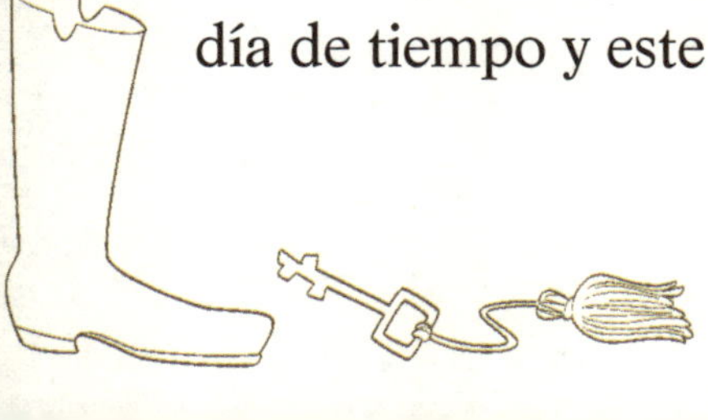

aclarará definitivamente. Venga a verme mañana a las nueve en punto. Confíe en mí, la solución del caso está cerca, ¡¡sólo me faltan las pruebas!!

Noté que la señorita Mary temblaba. La tranquilicé diciéndole BAJITO:

—No se preocupe, señorita... ¡Sherlock Holmes no falla nunca! ¡Ya verá, mañana el culpable de este delito será desenmascarado!

Ella me miró de una manera extraña: ¡en vez de sentirse aliviada, parecía incluso más turbada y nerviosa que antes! Quizá yo no hubiera usado el tono adecuado...

Holmes se dirigió a la puerta.

—¡Nos vemos mañana!

RESIGNADO, el señor Holder llamó a un carruaje, que nos llevó a Baker Street. Una vez en casa, Sherlock Holmes me sorprendió una vez más. En vez de COMER, se precipitó a su

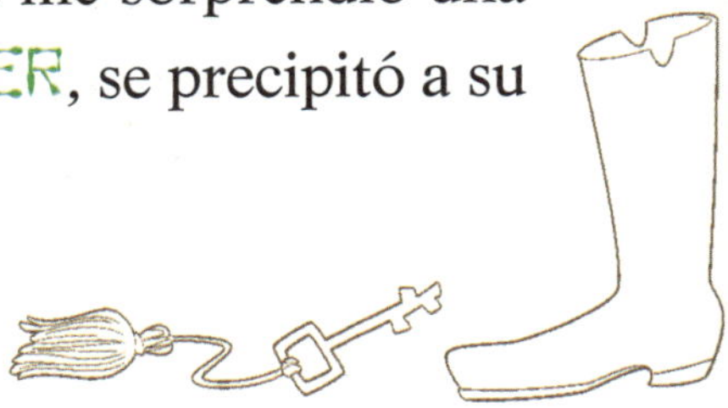

habitación. Por los ruidos que oía, deduje que buscaba algo en el armario.

Cuando volvió al salón, mi amigo detective se había puesto una barba postiza de color rojizo, vestía un abrigo raído con las solapas levantadas, pantalones remendados y un par de zapatos viejos y desastrados. ¡Estaba irreconocible! ¡Parecía un vagabundo!

Se miró al espejo y parecía estar satisfecho.

—¿Qué me dice de mi disfraz, Watson? ¿No le parece perfecto?

—Ejem... Holmes, si pretende parecer un vagabundo que no se lava desde hace tres meses... —contesté—, entonces sí, ¡está realmente perfecto! ¿Puedo preguntarle al menos adónde se dirige?

Él me dedicó una sonrisa misteriosa.

—Lo siento mucho, pero... no, no puedo contarle nada. Mi querido Watson, tenga paciencia: mi intención es seguir una pista que podría conducirme a la **verdad**, o bien... a ninguna parte. En todo caso, no se preocupe por mí. ¡Ya verá, dentro de unas horas como mucho estaré de vuelta! ¡Y ahora, **deséame** buena suerte, **amigo** mío!

Después, disfrazado de vagabundo, Sherlock Holmes me hizo un gesto de despedida y se fue.

221B

Una carta desagradable y una bonita sorpresa

El vagabundo Sherlock Holmes volvió de su misión NOCTURNA horas más tarde. Yo me había quedado en Baker Street, porque el caso de la diadema era un auténtico rompecabezas y, aunque hubiera marchado a mi casa, ¡no habría pegado ojo!

Nada más llegar, Holmes me entregó un par de **VIEJAS** botas y esbozó una astuta sonrisa.

—¡Guarde estas botas, Watson! ¡A pesar de su aspecto, son muy valiosas!

Dicho esto, mi amigo corrió a darse un baño (¡a aquellas horas!) y se cambió de ropa. Luego,

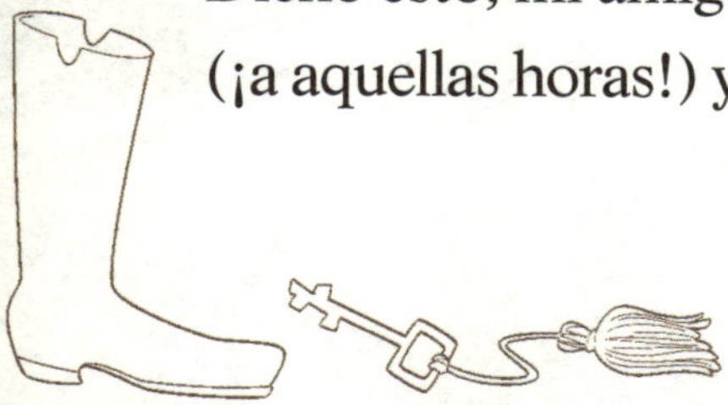

cuando la noche estaba a punto de llegar a su fin, limpio y recién afeitado, ¡¡salió de nuevo!!

—¡Un momento, Holmes! —traté de frenarlo—. ¡Ya es casi de día! ¡Le recuerdo que el señor Holder estará aquí a las nueve en punto!

Pero él me tranquilizó.

—No se preocupe, amigo mío. A las nueve estaré aquí otra vez. ¡Y estoy seguro de que tendré una bonita sorpresa para el señor Holder!

Holmes cumplió su palabra: a las nueve en punto estaba sentado en el salón, como siempre impecable, listo para recibir al señor Holder. El pobre banquero parecía haber envejecido diez años en una sola noche. Tenía el rostro demacrado, los ojos rojos y la expresión más desesperada que yo había visto nunca.

Holmes lo invitó a sentarse.

—¡Buenos días, señor Holder! ¿Cómo está? Si puedo decírselo, hoy no tiene buen aspecto...

El hombre contuvo a duras penas un SOLLOZO.

—Esta noche ha ocurrido una gran tragedia... Pobre de mí... ¡¿Qué he hecho MAL para merecer tantas desgracias seguidas?!

Por toda explicación, nos tendió una carta. Estaba escrita con letra femenina y decía:

Queridísimo tío:
Sé que te causo un gran disgusto. ¡Me siento tan culpable que no puedo seguir viviendo en esta casa, así que debo dejarte! Te lo ruego, no te preocupes. Quiero que sepas que estaré con alguien que cuidará de mí. Y no me busques, porque no deseo que me encuentren. ¡Te quiero y siempre te querré!

Tuya, Mary

Después de leerla, Sherlock Holmes dijo:
—¡Ah, sabía que sucedería!
Luego se **FIJÓ** en que el señor Holder lo miraba **ABATIDO** y añadió:
—¡Ánimo, ánimo, señor Holder! Aunque sólo sea porque ahora puedo contarle toda la **verdad**. Pero antes tengo una pequeña sorpresa para usted...
Holmes sacó del bolsillo un saquito y volcó su contenido en una mano: ¡eran tres pequeños brillantes **CENTELLEANTES**!

¡Estoy salvado!

Los ojos del señor Holder relucían más que los brillantes.

—¡Señor Holmes! ¡Ha encontrado los tres brillantes! ¡¡Estoy salvado!! ¡¿Cómo lo ha hecho?! ¡¡¿Dónde estaban escondidos?!!

Después el hombre cogió las tres piedras preciosas y las apretó contra su pecho.

—Pero antes de que se lo cuente todo —le dijo Sherlock Holmes—, necesito saber una cosa: ¿está dispuesto a pagar mil libras por cada una de estas piedras?

El banquero no lo DUDÓ ni un instante y dijo con decisión:

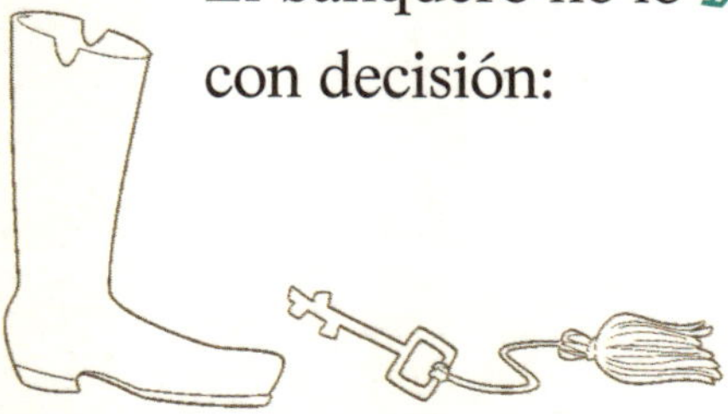

—¡Por supuesto! ¡Lo importante es devolver la diadema íntegra al noble!

Holmes sonrió.

—Bien, me lo imaginaba. Entonces sepa que he comprado estos tres brillantes justamente al precio de mil libras cada uno. Pero, señor mío, usted tienen otra GRAN deuda que saldar...

El señor Holder se APRESURÓ a sacar el talonario de cheques.

—¡Tiene razón, señor Holmes! ¡Olvidaba sus honorarios! ¿Qué cantidad he de poner? ¡Le pagaré generosamente!

Holmes negó con la cabeza.

—No, no, ¡¿qué ha entendido?! Yo no estaba hablando de mis honorarios, su deuda no tiene nada que ver con el DINERO. ¡Usted le debe disculpas a su hijo!

El señor Holder se ESTREMECIÓ.

—¡¿A mi hijo?! Pero... ¿de verdad no fue él quien robó los brillantes?

—En absoluto, señor Holder. ¡Todo lo contrario! ¡Arthur no sólo es inocente, sino que actuó como lo hizo para proteger a la persona que amaba!

El banquero no entendía nada (a decir verdad, yo tampoco), y MURMURÓ:

—¿Qué quiere decir, Holmes?

Con calma, el gran investigador se sirvió una taza de té.

—Dígame una cosa, señor Holder, ¿ha estado enamorado alguna vez?

Una verdad difícil

El señor Holder **OBSERVÓ** a Sherlock Holmes como si éste hubiera hablado en otro idioma.

—¿Enamorado? Pues claro que lo he estado... ¡De mi mujer!

Holmes esbozó una sonrisa.

—Entonces tal vez pueda comprender cómo ha sucedido todo en este caso tan **COMPLICADO**. Porque, verá, la fantástica diadema fue robada por una sola razón: **¡AMOR!**

Yo también me esforcé para comprender qué quería decir Holmes, pero no lo logré. ¡Ah, cuánto me gustaría tener su **AGUDEZA**!

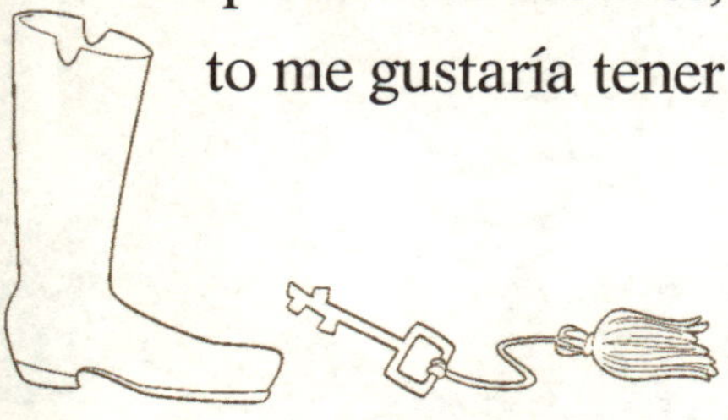

—Señor Holmes —dijo el banquero—, no lo entiendo. Se lo ruego, cuénteme la verdad con pelos y señales.

—Verá —empezó a explicar mi amigo—, la persona que robó los brillantes no tenía intención de hacerle daño a nadie. ¡Sólo quería ayudar al hombre que amaba! ¡Y esa persona no es otra que su sobrina *predilecta*!

Yo no daba crédito a lo que oía, ¡la dulce Mary!

El señor Holder se levantó del sillón con ímpetu.

—¡¡Eso es imposible!!

Holmes trató de calmarlo.

—Por favor, señor Holder, escúcheme. Su sobrina no tiene ninguna culpa, salvo la de haberse enamorado de un hombre vil y sin escrúpulos. ¡Un individuo que,

bajo la máscara de caballero, esconde un corazón de PIEDRA!

—No hablará de... —dijo Holder, pálido.

—¡Hablo de sir George Burnwell! El amigo de su hijo, la «mala compañía», es un canalla mucho más peligroso de lo que cabe imaginar. No sólo EMPUJÓ a Arthur a endeudarse, haciendo que le prestara dinero, ¡sino que también ENGAÑÓ a Mary! ¡Le declaró su amor, pero únicamente para obtener más dinero!

Para el señor Holder fue como si Holmes le hubiera vertido un cubo de agua HELADA en la cabeza.

Mi amigo continuó:

—He indagado para saber cuál era la VERDADERA personalidad de George Burnwell: ¡no es un delincuente cualquiera, sino uno de los hombres más peligrosos de Inglaterra! ¡Un hombre sin corazón y sin escrúpulos! Lamenta-

blemente, la dulce Mary es demasiado ingenua para darse cuenta. Se enamoró del pérfido señor Burnwell y él se aprovechó. ¡Por supuesto, Mary lo puso al corriente del asunto de la diadema y ese canalla la obligó a robarla!

Al pensar en ese engaño, el incrédulo Holder se congestionó.

—¡Encontraré a ese malvado bribón! ¡Iré hasta el fin del mundo si es preciso, pero al final conseguiré echarle el guante allá donde se encuentre!

Holmes negó con la cabeza.

—No será necesario. Pero ahora que conoce al verdadero culpable del robo de la diadema, señor Holder, ha llegado el momento de contarle lo ocurrido esa noche... Y comprenderá que, en realidad, su hijo Arthur no es como usted cree.

El rico banquero preguntó:

—¿Está segurísimo de que realmente me he equivocado al juzgar a mi hijo, señor Holmes? ¿Que me he dejado llevar por el escaso sentido de la responsabilidad que Arthur ha mostrado hasta ahora?

—Ni usted ni su hijo podían imaginar lo bribón que era sir Burnwell cuando le permitieron frecuentar su casa —respondió mi amigo—. Es un hombre peligroso, un timador siempre en busca de dinero y un rompecorazones sin escrúpulos. La única culpa de Arthur es haber querido salvar la reputación de la joven Mary. ¡Arthur tiene un corazón NOBLE y merece su cariño y disculpas!

Un plan infame

Holmes nos explicó finalmente los acontecimientos de aquella noche.

—Señor Holder, ¿recuerda cuando fue a comprobar que su sobrina hubiese CERRADO las puertas y ventanas, y la encontró echando el cerrojo de una ventana del salón? Pues bien, si se hubiese ASOMADO en ese momento, ¡habría visto al propio George Burnwell! Escondido en el jardín, hasta poco antes, Burnwell le estaba explicando a Mary su infame plan. Seguramente su sobrina estaba llena de DUDAS y culpabilidad, ¡por eso le pareció tan TURBADA! El plan de Burnwell era éste: Mary te-

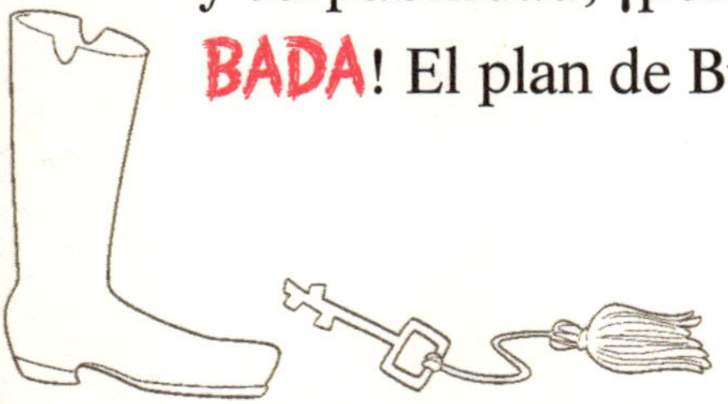

nía que abrir el cajón del escritorio con la llave que usted guardaba escondida en el APARADOR y robar la diadema. Luego tenía que entregarle a él la joya por la ventana del salón (que la chica en realidad NO había cerrado del todo). Por otra parte, Mary debía hablarle del encuentro secreto entre el frutero y la criada Lucy. ¡Esa estratagema servía para convertir al pobre hombre en el principal sospechoso del robo!

El señor Holder no logró CONTENERSE:

—¡No puedo creer que Mary haya sido cómplice de un plan tan vil!

—Intente comprender, caballero: ¡Mary es una víctima de ese bribón! ¡Cegada por el amor, ya no sabía qué era lo justo! Por suerte o por desgracia, no consiguió disimular su nerviosismo. Pero ¡a pesar de todo, robó la joya! Sin embargo, luego ocurrió algo que NADIE había previsto: una persona vio a Mary con la diadema de diamantes.

El señor Holder y yo CONTUVIMOS la respiración, sin dar crédito a lo que oíamos...

—¡Esa persona era Arthur! —reveló Holmes—. En plena noche vio a Mary recorrer furtivamente el pasillo y colarse en su habitación, señor Holder. Asombrado, el chico se quedó a la espera. Poco después, Mary salió de la habitación con algo brillante en las manos... ¡Era la diadema! Arthur se preguntó por qué la habría cogido. ¿Acaso querría guardarla en un lugar más seguro? Su hijo siguió a la muchacha a hurtadillas hasta el salón donde ella entreabrió la ventana. Arthur se dio cuenta entonces de que había alguien fuera... ¡¡Era Burnwell!! Y HORRORIZADO vio que Mary le entregaba la diadema a aquel bribón. ¡En-

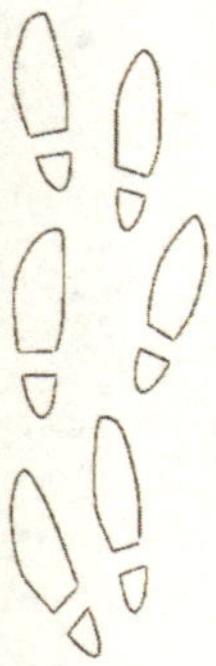

tonces lo entendió! ¡Mary, su dulce Mary, había sido OBLIGADA a robar la diadema por un hombre al que él mismo consideraba su amigo! Estaba fuera de sí. Esperó a que Mary volviera a su cuarto y luego corrió a la ventana. Ni siquiera se había calzado, pero salió de un salto y se lanzó en persecución de Burnwell, que estaba HUYENDO. Arthur logró alcanzarlo e intentó arrebatarle la diadema de las manos...

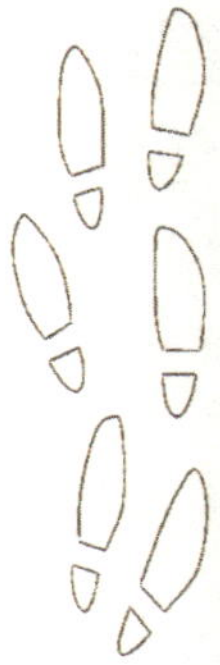

El señor Holder lo interrumpió:

—¡No puedo creerlo! Arthur estaba intentando recuperar la diadema... ¡¡no robarla!!

—Exactamente —dijo Holmes con una sonrisa. Después se dirigió a mí—: Querido Watson, ¿recuerda todas aquellas huellas en la NIEVE, no LEJOS de la casa? Huellas de pies descalzos y botas.

—¿También ha resuelto ese misterio, Holmes?

—¡Sí, eran las HUELLAS de Arthur y Burnwell! Durante la **lucha** entre los dos, probablemente la diadema debió doblarse y tres brillantes se le quedaron en la mano a Burnwell, que huyó. En ese momento, el *pobre* Arthur no pudo hacer otra cosa que volver a casa y dejar la joya en su sitio!

El señor Holder no daba **crédito**.

—Así que, cuando descubrí a Arthur delante de mi escritorio, con la diadema en la mano... ¡quería dejarla en su lugar!

—¡No sólo eso! —añadió Holmes—. El chico también estaba intentando **enderezar** la joya para limitar el **DAÑO**. Pero cuando usted lo sorprendió ante el escritorio, ¡lo acusó enseguida del robo, sin pedirle explicaciones! En ese momento Arthur habría podido contar la verdad.

No obstante, si lo hubiese hecho, ¡habría tenido que inculpar a Mary, la chica de la que estaba enamorado!

Entonces el señor Holder se echó a llorar. Su hijo Arthur había aceptado ir a la cárcel, con tal de no traicionar a la mujer que amaba. ¡¡Qué joven tan noble y VALIENTE!!

¡¿Cómo lo ha hecho, Holmes?!

A veces los **prejuicios** nos impiden juzgar las situaciones y a las personas tal como son de verdad.

El señor Holder siempre había considerado a su hijo Arthur un **vago**, ¡así que no le había costado demasiado creer que se había convertido, además, en un ladrón!

En cambio, si hubiese evaluado la situación con objetividad, habría **DESCUBIERTO** que su hijo era un poco gandul, sí, pero también valiente, leal y honrado.

¡Ahora, el rico banquero lo había comprendido todo y, desde luego, no volvería a **equivo-**

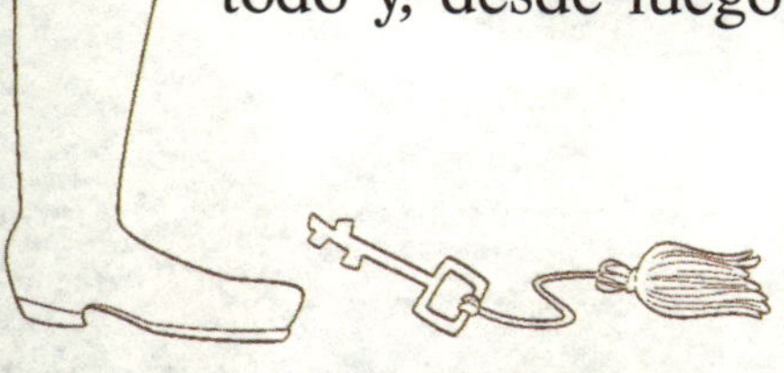

carse al juzgar a las personas, en especial a las que quería!

Después Holder le pidió a Sherlock Holmes que le revelara el motivo por el que había sospechado de sir George Burnwell. ¿Cómo supo que él era el malhechor?

—Mis pesquisas se centraron enseguida en la persona más libre de sospechas de la casa: la dulce Mary —explicó Holmes—. Ella era la única que conocía dónde se guardaba la segunda llave, aparte de Arthur y usted. Además, era Mary la que cerraba las puertas y ventanas por la noche. Si quería dejar alguna abierta, ¡NADIE se daría cuenta! Sin embargo, cuando conocí a la señorita, intuí que no podía haber planeado el robo ella sola, ¡es tan dulce y adorable como usted me había contado! Así pues, el plan debía ser obra de otra persona. Pero ¿Quién? Comprendí enseguida que su sobrina debía haber actuado por amor. Dado que había rechazado las repetidas peticiones de MATRIMONIO de Arthur, me pregunté de quién podría estar enamorada. Teniendo en cuenta que Mary es una chica tímida y reservada, a la que no le gusta la vida mundana, por fuerza debía haberse enamorado de alguien que frecuentara la casa y que se había ganado su confianza. Esa persona tan sólo podía ser... ¡Sir George Burnwell!

La clave del misterio

La clave para comprender el misterio estaba en las huellas encontradas en el jardín de la casa de los Holder.

Sherlock Holmes recordó:

—Había VISTO en la nieve dos clases de huellas: unas eran de pies descalzos y otras de botas. Sabía que las huellas de pies descalzos eran de Arthur, porque el señor Holder nos había contado que su hijo estaba DESCALZO en el momento del robo. Además, nadie podía haber caminado descalzo por el jardín, en mitad de la noche.

Yo intervine impaciente para preguntar:

—¿Y las huellas de las botas?

Sherlock Holmes sonrió astutamente.

—Puesto que sospechaba ya de sir George Burnwell, pensé que las huellas de las botas podían ser suyas. Pero ¡necesitaba pruebas para demostrarlo! Así que me disfracé de vagabundo. Me dirigí a los bajos fondos para que mi aspecto no llamara la atención, fui hasta el West End, pues había descubierto que Burnwell vivía allí. Me presenté a su PUERTA. Un criado me preguntó qué quería y yo intenté que se apiadara de mí enseñándole mis zapatos rotos. «Señor, ¿por casualidad podría venderme un par de BOTAS viejas? Se lo ruego... hace mucho frío y tengo los pies CONGELADOS... ¡No aguanto más!».

CONMOVIDO, el criado fue a buscar un par de botas viejas de su señor y me las vendió por la modesta suma de seis chelines. A continuación atravesé de nuevo la ciudad, volví al JARDÍN del señor Holder y comparé las suelas de las botas de Burnwell con las huellas. ¡¡Coincidían **perfectamente**!!

El último misterio

¡Quedaba un último misterio por aclarar: ¿qué había sido de los tres brillantes robados? Sherlock Holmes había conseguido recuperarlos, pero ¡¿cómo?!

Holmes lo explicó también:

—Amigo mío, ¿recuerda lo que hice después de volver a casa tras mi MISIÓN disfrazado de vagabundo? ¡Me cambié y salí de nuevo!

—¡Claro que lo recuerdo! —contesté—. De hecho, me preguntaba adónde habría ido, bien afeitado, cuando la noche llegaba a su fin.

Los ojos de Holmes brillaron.

—Je, je, je. Fui a deshacer el último NUDO de este intrincado caso: ¡recuperar los brillantes robados! Verán, la noche del robo Arthur puso en fuga a sir George Burnwell... pero ese GRANUJA había logrado arrancar tres brillantes de la diadema y se los había quedado. Estaba seguro de que los tenía aún consigo. Así que, tras recuperar una apariencia respetable, me presenté en su casa por segunda vez. Al principio Burnwell me trató con desconfianza: «¿Quién es? ¡¿Qué quiere?!». Contesté: «Estoy aquí por un negocio. He sabido que vende piedras preciosas...». Burnwell me miró con recelo: «¡¿Y viene a proponerme un negocio a las seis de la mañana?!». Repliqué: «Bueno... ¡nunca es demasiado temprano para un buen negocio!». Así que Burnwell me dejó entrar, ¡ningún malhechor resiste la TENTACIÓN del dinero fácil! El despacho de Burnwell parecía un enorme **ALMACÉN** de mercancía robada: cuadros antiguos apilados unos sobre otros, estatuas, joyas... Encima del escritorio destacaba un estuche con tres brillantes centelleantes: ¡eran los de la diadema! Se los señalé: «¡Aaah! ¡Éstos son los brillantes sustraídos en la casa del señor Holder! Confiese, Burnwell, ¡¡usted ha obligado a Mary Holder a robar la diadema de brillantes!!». Estupefacto, el bribón intentó ECHARME. Pero yo estaba allí para recuperar las piedras robadas y, sabiendo que Burnwell es un AVARO, le dije: «No he venido para arrestarlo, **QUIERO** los brillantes. Si me los da, ¡le pagaré mil libras por cada uno!». Como preveía, aceptó el trato y yo recuperé los brillantes.

—¡¿Por qué no llamó a la policía, Holmes?! —le pregunté.

Él esbozó una media sonrisa.

—¡Vaya si la llamé, querido Watson! ¡Pero antes esperé a tener los brillantes en el bolsillo! Si la policía los encontraba entonces, los habrían confiscado, la **noticia** del robo se habría difundido y el banco Holder & Stevenson se habría encontrado en el centro de un escándalo nacional. En cambio, de esta manera el pérfido Burnwell será arrestado por todos los demás objetos robados que tiene en su casa.

Al señor Holder se le ILUMINÓ el semblante.

—¡¡Es usted un genio, señor Holmes!! —luego pensó en su adorada sobrina, **embaucada** por el perverso Burnwell y murmuró—: Pobre mi querida Mary... ¡Confío mucho en que se haya dado cuenta de las intenciones de ese **canalla**!

—No se preocupe, señor Holder —lo tranquilizó mi amigo—, no había ni rastro de su sobrina en la casa de Burnwell. Estoy seguro de que Mary se ha arrepentido ya del error cometido. Pero entonces, ¿por qué no vuelve a casa? ¡Mi intuición me dice que Mary lo está esperando! Y créame, señor Holder, ¡¡mi intuición no falla nunca!!

Así concluyó el caso de la diadema de brillantes, una de las investigaciones más COMPLICADAS que yo haya seguido nunca.

No podía saber qué otros misterios desvelaríamos en el futuro, pero de una cosa estaba seguro: ¡ningún caso sería demasiado DIFÍCIL para el gran Sherlock Holmes!

LUGARES DE LAS PESQUISAS
Baker Street 221B
Oxford Street
Coburg Square
Mansión del señor Holder
Casa de Sherlock Holmes
Tienda de empeños del señor Wilson
TÁMI

Banco
Holder & Stevenson
Mesón Alpha Inn
Fleet Street
Covent
Garden
TÁMESIS
Sede de la Liga
de los Pelirrojos
Mercado de Covent Garden

Arthur Conan Doyle

Arthur Conan Doyle nació en Edimburgo, Escocia, en 1859. Era un chico tranquilo y apacible, pero tenía grandes pasiones, como la medicina, la literatura y el deporte.

Antes incluso de licenciarse en Medicina, empezó a trabajar como médico ayudante. En esa época conoció al doctor Joseph Bell, un brillante cirujano de carácter frío y reflexivo, en el que se inspiró para crear el personaje de Sherlock Holmes. Seguidamente, Doyle se embarcó como

médico a bordo en un buque que hacía la travesía entre Gran Bretaña y África. Sin embargo, a los pocos meses comprendió que prefería ejercer su profesión en tierra firme. Así pues, abrió una consulta médica en Portsmouth, Inglaterra. En esa misma época empezó a escribir las aventuras de Sherlock Holmes, un genial detective que lograba resolver los casos más complicados. La primera novela protagonizada por Sherlock Holmes fue *Estudio en escarlata*, publicada en 1887 en la revista *Strand Magazine*. A esta obra le seguirían *El signo de los cuatro* (1890), *El sabueso de los Baskerville* (1902) y muchos otros cuentos y novelas. No obstante, personaje imaginario, el infalible Sherlock Holmes se hizo tan célebre, que todavía hoy está considerado el investigador más famoso del mundo. Conan Doyle murió en Inglaterra, en Crowborough, en 1930.

Índice

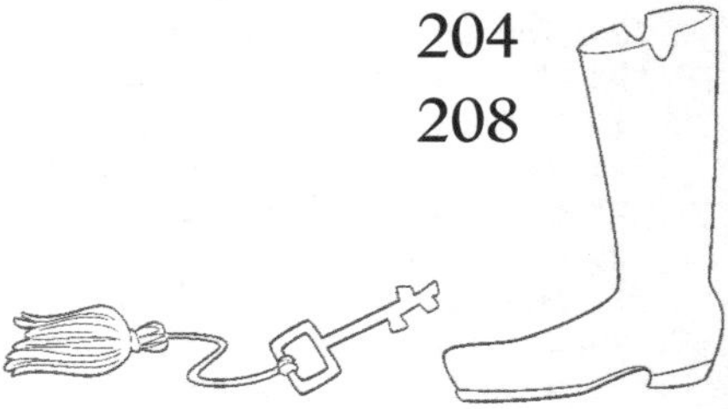

Geronimo Stilton

Marca en la casilla correspondiente los títulos que tienes de todas las colecciones de Geronimo Stilton:

Colección Geronimo Stilton

- ❒ 1. Mi nombre es Stilton, Geronimo Stilton
- ❒ 2. En busca de la maravilla perdida
- ❒ 3. El misterioso manuscrito de Nostrarratus
- ❒ 4. El castillo de Roca Tacaña
- ❒ 5. Un disparatado viaje a Ratikistán
- ❒ 6. La carrera más loca del mundo
- ❒ 7. La sonrisa de Mona Ratisa
- ❒ 8. El galeón de los gatos piratas
- ❒ 9. ¡Quita esas patas, Caraqueso!
- ❒ 10. El misterio del tesoro desaparecido
- ❒ 11. Cuatro ratones en la Selva Negra
- ❒ 12. El fantasma del metro
- ❒ 13. El amor es como el queso
- ❒ 14. El castillo de Zampachicha Miaumiau
- ❒ 15. ¡Agarraos los bigotes... que llega Ratigoni!
- ❒ 16. Tras la pista del yeti
- ❒ 17. El misterio de la pirámide de queso
- ❒ 18. El secreto de la familia Tenebrax
- ❒ 19. ¿Querías vacaciones, Stilton?
- ❒ 20. Un ratón educado no se tira ratopedos
- ❒ 21. ¿Quién ha raptado a Lánguida?
- ❒ 22. El extraño caso de la Rata Apestosa
- ❒ 23. ¡Tontorratón quien llegue el último!
- ❒ 24. ¡Qué vacaciones tan superratónicas!
- ❒ 25. Halloween... ¡qué miedo!
- ❒ 26. ¡Menudo canguelo en el Kilimanjaro!
- ❒ 27. Cuatro ratones en el Salvaje Oeste
- ❒ 28. Los mejores juegos para tus vacaciones
- ❒ 29. El extraño caso de la noche de Halloween
- ❒ 30. ¡Es Navidad, Stilton!
- ❒ 31. El extraño caso del Calamar Gigante
- ❒ 32. ¡Por mil quesos de bola... he ganado la lotorratón!
- ❒ 33. El misterio del ojo de esmeralda
- ❒ 34. El libro de los juegos de viaje
- ❒ 35. ¡Un superratónico día... de campeonato!
- ❒ 36. El misterioso ladrón de quesos
- ❒ 37. ¡Ya te daré yo karate!
- ❒ 38. Un granizado de moscas para el conde
- ❒ 39. El extraño caso del Volcán Apestoso
- ❒ 40. ¡Salvemos a la ballena blanca!
- ❒ 41. La momia sin nombre
- ❒ 42. La isla del tesoro fantasma
- ❒ 43. Agente secreto Cero Cero Ka
- ❒ 44. El valle de los esqueletos gigantes
- ❒ 45. El maratón más loco
- ❒ 46. La excursión a las cataratas del Niágara
- ❒ 47. El misterioso caso de los Juegos Olímpicos
- ❒ 48. El templo del rubí de fuego
- ❒ 49. El extraño caso del tiramisú
- ❒ 50. El secreto del lago desaparecido
- ❒ 51. El misterio de los elfos
- ❒ 52. ¡No soy un superratón!
- ❒ 53. El robo del diamante gigante
- ❒ 54. A las ocho en punto... ¡clase de quesos!
- ❒ 55. El extraño caso del ratón que desafina
- ❒ 56. El tesoro de las colinas negras
- ❒ 57. El misterio de la perla gigante

- ❒ 58. Geronimo busca casa
- ❒ 59. ¡A todo gas, Geronimo!
- ❒ 60. El castillo de las 100 historias
- ❒ 61. El misterio del rubí de Oriente
- ❒ 62. Un ratón en África
- ❒ 63. Operación Panettone
- ❒ 64. El misterio del violín desaparecido
- ❒ 65. ¡Final de Supercopa... en Ratonia!
- ❒ 66. Misterio en el Prado
- ❒ 67. La mágica noche de los elfos
- ❒ 68. La competición de los Supercocineros
- ❒ 69. El extraño caso del ladrón de chocolate
- ❒ El extraño caso de los granos azules
- ❒ A la caza del Libro de Oro

Libros especiales de Geronimo Stilton

- ❒ En el Reino de la Fantasía
- ❒ Regreso al Reino de la Fantasía
- ❒ Tercer viaje al Reino de la Fantasía
- ❒ Cuarto viaje al Reino de la Fantasía
- ❒ Quinto viaje al Reino de la Fantasía
- ❒ Sexto viaje al Reino de la Fantasía
- ❒ Séptimo viaje al Reino de la Fantasía
- ❒ Octavo viaje al Reino de la Fantasía
- ❒ Rescate en el Reino de la Fantasía (9.° viaje)
- ❒ Reconquista del Reino de la Fantasía (10.° viaje)
- ❒ El Gran Secreto del Reino de la Fantasía (11.° viaje)
- ❒ Viaje en el Tiempo
- ❒ Viaje en el Tiempo 2
- ❒ Viaje en el Tiempo 3
- ❒ Viaje en el Tiempo 4
- ❒ Viaje en el Tiempo 5
- ❒ Viaje en el Tiempo 6
- ❒ Viaje en el Tiempo 7
- ❒ Viaje en el Tiempo 8
- ❒ Viaje en el Tiempo 9
- ❒ La gran invasión de Ratonia
- ❒ El secreto del valor
- ❒ El Gran Libro del Reino de la Fantasía
- ❒ El Gran Regreso al Reino de la Fantasía
- ❒ Reconquista del Reino de la Fantasía

Grandes historias Geronimo Stilton

- ❒ La isla del tesoro
- ❒ La vuelta al mundo en 80 días
- ❒ Las aventuras de Ulises
- ❒ Mujercitas
- ❒ El libro de la selva
- ❒ Robin Hood
- ❒ La llamada de la selva
- ❒ Las aventuras del rey Arturo
- ❒ Los tres mosqueteros
- ❒ Tom Sawyer
- ❒ Los mejores cuentos de los hermanos Grimm
- ❒ Peter Pan
- ❒ Las aventuras de Marco Polo
- ❒ Los viajes de Gulliver
- ❒ El misterio de Frankenstein
- ❒ Alicia en el País de las Maravillas
- ❒ Sandokan. Los tigres de Mompracem
- ❒ Veinte mil leguas de viaje submarino
- ❒ Heidi
- ❒ Moby Dick
- ❒ Colmillo Blanco
- ❒ Las aventuras de Robinson Crusoe
- ❒ El jardín secreto
- ❒ Canción de Navidad
- ❒ Las aventuras del Corsario Negro
- ❒ Las aventuras de Pollyanna
- ❒ Las aventuras de Sherlock Holmes

Tea Stilton

Colección Tea Stilton

- ❒ 1. El código del dragón
- ❒ 2. La montaña parlante
- ❒ 3. La ciudad secreta
- ❒ 4. Misterio en París
- ❒ 5. El barco fantasma
- ❒ 6. Aventura en Nueva York
- ❒ 7. El tesoro de hielo
- ❒ 8. Náufragos de las estrellas
- ❒ 9. El secreto del castillo escocés
- ❒ 10. El misterio de la muñeca desaparecida
- ❒ 11. En busca del escarabajo azul

- ❒ 12. La esmeralda del príncipe indio
- ❒ 13. Misterio en el Orient Express
- ❒ 14. Misterio entre bambalinas
- ❒ 15. La leyenda de las flores de fuego
- ❒ 16. Misión flamenco
- ❒ 17. Cinco amigas y un león
- ❒ 18. Tras la pista del tulipán negro
- ❒ 19. Una cascada de chocolate
- ❒ 20. Los secretos del Olimpo
- ❒ 21. Amor en la corte de los Zares
- ❒ 22. Una aventura en el Caribe
- ❒ 23. Misterio en Hollywood
- ❒ 24. Acampada en Madagascar
- ❒ 25. Carnaval en Venecia
- ❒ 26. Persecución en el hielo
- ❒ 27. El tesoro perdido
- ❒ 28. Dos corazones en Londres
- ❒ 29. Misión Niágara
- ❒ 30. Princesas en Viena

Vida en Ratford

- ❒ 1. Escenas de amor en Ratford
- ❒ 2. El diario secreto de Colette
- ❒ 3. El club de Tea en peligro
- ❒ 4. Reto a paso de danza
- ❒ 5. El proyecto supersecreto
- ❒ 6. Cinco amigas y un musical
- ❒ 7. Camino a la fama
- ❒ 8. ¿Quién se esconde en Ratford?
- ❒ 9. Una misteriosa carta de amor
- ❒ 10. El sueño sobre hielo de Colette
- ❒ 11. ¡Un, dos, tres... se rueda en Ratford!
- ❒ 12. Top model por un día
- ❒ 13. Misión mar limpio
- ❒ 14. El club de las poetisas
- ❒ 15. La receta de la amistad
- ❒ 16. El gran baile con el príncipe
- ❒ 17. El fantasma del Castillo del Halcón
- ❒ 18. Todas podemos ser campeona
- ❒ 19. Más que amigas... ¡hermanas!
- ❒ 20. Una boda de ensueño
- ❒ 21. Salvemos a los animales
- ❒ 22. El concierto del corazón
- ❒ 23. Mil fotos para una top model
- ❒ 24. El tesoro de los delfines azules
- ❒ 25. La lección de belleza
- ❒ 26. Una noche mágica en la nieve
- ❒ 27. Este caballo es un tesoro

Cómic Geronimo Stilton

- ❒ 1. El descubrimiento de América
- ❒ 2. La estafa del Coliseo
- ❒ 3. El secreto de la Esfinge
- ❒ 4. La era glacial
- ❒ 5. Tras los pasos de Marco Polo
- ❒ 6. ¿Quién ha robado la Mona Lisa?
- ❒ 7. Dinosaurios en acción
- ❒ 8. La extraña máquina de libros
- ❒ 9. ¡Tócala otra vez, Mozart!
- ❒ 10. Stilton en los Juegos Olímpicos
- ❒ 11. El primer samurái
- ❒ 12. El misterio de la Torre Eiffel
- ❒ 13. El tren más rápido del oeste
- ❒ 14. Un ratón en la luna
- ❒ 15. Uno para todos y todos para Stilton
- ❒ 16. Luces, cámara y... ¡acción!

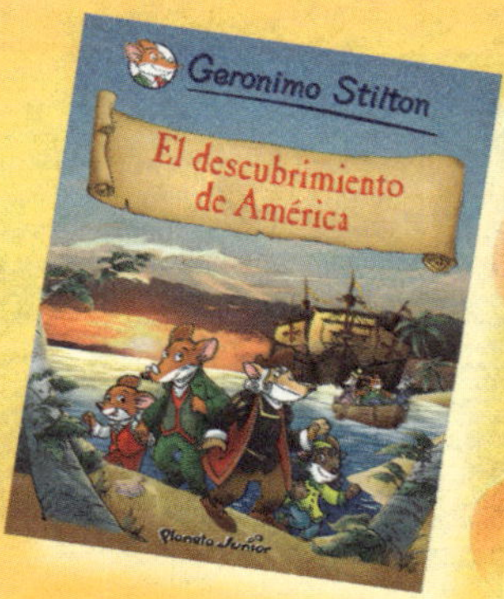

Superhéroes

- ❒ 1. Los defensores de Muskrat City
- ❒ 2. La invasión de los monstruos gigantes
- ❒ 3. El asalto de los grillotopos
- ❒ 4. Supermetomentodo contra los tres terribles
- ❒ 5. La trampa de los superdinosaurios
- ❒ 6. El misterio del traje amarillo
- ❒ 7. Las abominables Ratas de la Nieves
- ❒ 8. ¡Alarma, fétidos en acción!
- ❒ 9. Supermetomentodo y la piedra lunar
- ❒ 10. Algo huele a podrido en Putrefactum
- ❒ 11. Venganza del pasado

¿Te gustaría ser miembro del CLUB GERONIMO STILTON?

Sólo tienes que entrar en la página web **www.clubgeronimostilton**.es y darte de alta. De este modo, te convertirás en ratosocio/a y podré informarte de todas las novedades y de las promociones que pongamos en marcha.

¡PALABRA DE GERONIMO STILTON!

Geronimo Stilton

Este libro no se puede vender
sin este comprobante

PRUEBA DE COMPRA
GERONIMO STILTON
«LAS AVENTURAS DE
SHERLOCK HOLMES»

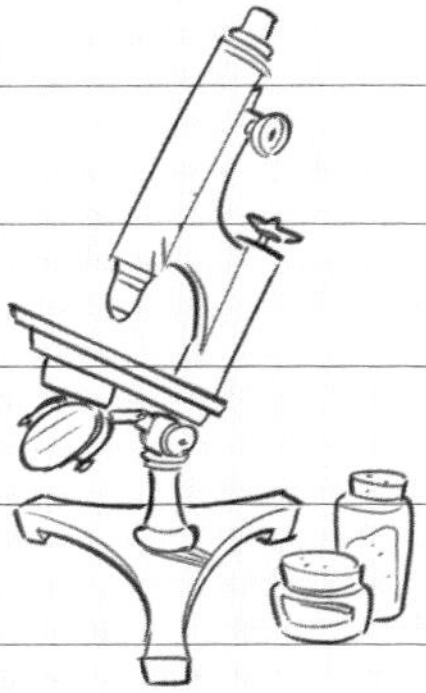